SUA SANTIDADE, O DALAI LAMA

COMPAIXÃO
OU COMPETIÇÃO

Valores humanos nos negócios e na economia

SUA SANTIDADE, O DALAI LAMA

COMPAIXÃO OU COMPETIÇÃO
Valores humanos nos negócios e na economia

Editado por Sander Tideman

Tradução
Arnaldo Bassoli
Lamara Bassoli

Título original: *Compassion or Competition?*
A discussion on Human values in Business and Economics
Copyright © H.H. the Dalai Lama – Office of Tibet (Paris)

Tradução: LAMARA E ARNALDO BASSOLI
Orientação técnica: LIA DISKIN
Preparação e edição de texto: ADIR DE LIMA
Revisão: ANTONIO AFONSO DE CARVALHO E ZENAIDE ROMANOUSKY
Projeto gráfico de miolo e capa: MOEMA CAVALCANTI
Editoração eletrônica: NEILI DAL ROVERE
Foto da Capa: © 2006 MANUEL BAUER/AGENTUR FOCUS
www.dalailama-archives.org
Retirada do livro: *His Holiness the 14th Dalai Lama – Journey for Peace*
de Scalo Publisher Zurich/New York/Berlin

Dados Internacionais de Catalogação na Publicação (CIP)
(Câmara Brasileira do Livro, SP, Brasil)

Bstan-'dzin-rgya-mtsho, Dalai Lama XIV, 1935 -

Compaixão ou competição : valores humanos nos negócios e na economia / Sua Santidade, o Dalai-Lama ; editado por Sander Tideman ; [tradução Arnaldo, Lamara Bassoli]. – São Paulo : Palas Athena, 2006.

Título original: Compassion or competition : a discussion on human values in business -
ISBN 85-7242-059-2

Budismo – Tibete 2. Compaixão (Budismo) 3. Competição 4. Economia – Aspectos morais e éticos 5. Negócios – Aspectos morais e éticos 6. Valores (Ética) I. Tideman, Sander. II. Título.

06-2374   CDD-174.4

Índice para catálogo sistemático:

1. Negócios e economia : Valores Humanos : Ética econômica 174.4

Todos os direitos reservados e protegidos pela Lei 9610 de 1998.
É proibida a reprodução total ou parcial,
por quaisquer meios, sem a autorização prévia, por escrito da Editora.
Direitos adquiridos para a língua portuguesa por
PALAS ATHENA EDITORA

Rua Leôncio de Carvalho, 99 – Paraíso
04003-010 – São Paulo – SP – Brasil
Fone/Fax (11) 3289-5426
editora@palasathena.org
www.palasathena.org

"É muito difícil encontrar um modo de conciliar a economia e o altruísmo. No entanto, estes dois campos podem – e devem – encontrar-se nos níveis individual e global."

Sua Santidade, o Dalai Lama

ÍNDICE

Prefácio 9
SUA SANTIDADE, O DALAI LAMA

Introdução 13

Prólogo 19
HAZEL HENDERSON

O lugar do bem-viver 31
GEOFF MULGAN

Empreendimento e desenvolvimento no
século XXI: compaixão ou competição? 49
FÓRUM DE DISCUSSÃO

Compaixão ou competição?
Para uma economia mais humanizada 107
SANDER TIDEMAN

Colaboraram neste Fórum 147

Notas 153

PREFÁCIO
Sua Santidade, o dalai lama

Há muito tempo advogo a necessidade de valores éticos ou espirituais na política e na economia mundiais. A fim de tornarmos este mundo um lugar melhor, mais humano e mais seguro, precisamos nos dar conta de quão interdependentes somos e, conseqüentemente, de como é necessário que nos responsabilizemos uns pelos outros. Nos dias atuais, a globalização e os avanços na tecnologia da comunicação tornaram nosso mundo muito menor. Esta particularidade também se aplica aos líderes do campo dos negócios, cujas ações afetam a vida de muita gente — a vida dos seus funcionários e a dos consumidores.

Pessoalmente, não creio que seja necessário ser uma pessoa religiosa ou espiritualizada para perceber essa realidade e agir de acordo com ela. No entanto, todas as religiões do mundo têm em comum uma ênfase no desenvolvimento de qualidades tais como a ética, a tolerância e a compaixão. Há quem acredite que dentro da atividade econômica não haja muita necessidade de atitudes éticas como essas. Discordo totalmente. A qualidade de nossas ações depende de nossa motivação. Na economia e nos negócios, como em outros campos da atividade humana, se você tem boa motivação e busca contribuir para uma sociedade humana melhor, será um empreendedor ou um economista de caráter bom e honesto.

De maneira geral, devemos adotar medidas imediatas para criar códigos éticos no mundo dos negócios e das finanças. Por exemplo, a degradação global do ambiente natural e do clima ameaça a própria vida. Também é preciso lembrar que a economia é responsável pela criação de um abismo inaceitável entre ricos e pobres, tanto entre nações quanto entre diferentes setores da sociedade dentro de cada nação. Se continuarmos por este caminho, a situação poderá tornar-se irreparável. A diferença escancarada entre os que "têm" e os que "não têm" criará muito sofrimento para todos, inclusive para o próprio mundo financeiro. Portanto, ampliemos nossa perspectiva a fim de incluir o bem-estar do mundo inteiro e das futuras gerações em nossa visão de economia e de negócios.

No plano pessoal, quem pratica a tolerância e a compaixão descobre imediatamente que essas qualidades levam à felicidade. Há muitos métodos, alguns deles religiosos e outros que derivam daquilo que considero como valores humanos fundamentais, que você pode utilizar para desenvolver essas qualidades e tornar-se uma pessoa melhor e, naturalmente, vir a ser também uma pessoa do mundo dos negócios melhor e mais eficiente. Não existe máquina que produza paz interior, nem loja que a venda. Não importa quão rico seja, não há como comprá-la. É algo que tem de vir de dentro, por meio da prática mental.

Estou feliz que a missão do *Spirit in Business*[*] seja lidar com todas essas questões. São de fato grandes questões. Acredito que nos depararemos com a resposta se tomarmos como base a consciência: devemos nos encontrar e discutir esses pontos com mais freqüência e assim, gradualmente, criar soluções. Creio que o *Spirit in Business* oferece uma excelente oportunidade para isso, e aguardo ansiosamente para ouvir que medidas práticas vocês concordarão em tomar.

18 de março de 2002

---

[*] "Espiritualidade nos Negócios". (N. do T.)

INTRODUÇÃO

Na noite de 18 de outubro de 1999, quatrocentas pessoas reuniram-se no Niewe Kerk, em Amsterdã, para participar do fórum *Empreendimento e desenvolvimento no século XXI: compaixão ou competição?* Esse encontro foi centrado em torno da visita de Sua Santidade, o XIV Dalai Lama do Tibete, o principal orador do Fórum. Era a parte final de sua visita de quatro dias em que mais de dez mil pessoas assistiram às suas conferências. Outros oradores foram Jermyn Brooks, Hazel Henderson e Ruud Lubbers, e o moderador Geoff Mulgan. Um destacado grupo de representantes dos círculos empresarial, governamental e acadêmico foi convidado a propor questões. O príncipe herdeiro da Holanda, William Alexander de Orange, estava entre a audiência, bem como líderes empresariais e da sociedade civil.

Esse grupo incomum de pessoas reuniu-se em um cenário excepcional. O Niewe Kerk é um edifício impressionante, o foro tradicional para as cerimônias de coroação da realeza da Holanda. Concomitantemente ao Fórum, na antiga igreja, ocorreu um evento maravilhoso, *The Dancing Demons of Mongolia*⁽*⁾, com a exibição de magníficas relíquias e artefatos budistas da Mongólia e de músicos da região, tocando ao vivo, antes e depois do Fórum. A atmosfera, que deve ter lembrado a Sua Santidade, o Dalai Lama, o seu querido Tibete, do qual foi forçado a exilar-se há quarenta anos, transportou a mente dos participantes para uma esfera onde reflexão e apreço pareciam acontecer naturalmente.

O tema do Fórum não era menos singular, pois líderes religiosos e a comunidade empresarial raramente se encontram para discutir o papel da empresa e da economia em nossas sociedades. Muitos consideram que os negócios e a espiritualidade são áreas mutuamente excludentes, e, no entanto, sentimos que os valores de compaixão, tolerância e sabedoria, pelos quais o Dalai Lama advoga de maneira tão convincente e humana, não precisam se confinar apenas aos templos, igrejas e círculos religiosos. Ao contrário, devem ousar ingressar no mundo dos negócios, que tanto afeta nossa sociedade nos dias de hoje. Isto será elucidado adiante por Sander Tideman em seu ensaio.

Finalmente, o *timing* do evento — no raiar do século XXI — foi extraordinário. Hoje, já no

---
⁽*⁾ "Demônios Dançarinos da Mongólia". (N. do T.)

segundo ano do novo século, não podemos deixar de sentir que o Fórum realizou-se em um momento excepcionalmente oportuno. Focalizou nossos pensamentos em como lidar com as escolhas à nossa frente no novo milênio. O que consideramos apropriado e desejável — cooperação ou conflito, diálogo ou violência, sustentabilidade ou lucratividade, compaixão ou competição? Os perturbadores eventos de setembro de 2001 nos mostraram como é difícil fazer as escolhas certas e muitos de nós voltamo-nos para fontes espirituais em busca de orientação e de soluções duradouras. Contra esse pano de fundo, o Fórum de Amsterdã é um ponto de partida para a procura de significado em nossa vida pessoal e profissional, uma busca a ser compartilhada com outros.

Efetivamente, o Fórum fez que outros continuassem com a discussão de onde a deixamos em Amsterdã. Entre eles estava Andrew Ferguson, que concebeu a Conferência Mundial para a Espiritualidade nos Negócios em Nova York. Na era pós 11 de setembro, a escolha dessa cidade é significativa: é o local de encontro de dois extremos da globalização — capitalismo e terrorismo global. Não demorou muito para que os signatários iniciadores do Fórum Compaixão e Competição reconhecessem os benefícios de juntar forças com nossos colegas americanos e de criar conjuntamente o *Spirit in Business World*

Institute⁽*⁾. É hora de colocar a discussão sobre espiritualidade e negócios no plano global, em muitos foros diferentes e para as mais diversas audiências.

Por estas razões, também decidimos reimprimir o livro *Compaixão ou Competição?*, que contém os relatos do evento de Amsterdã, e já bem conhecido de um público muito maior do que os quatrocentos participantes para os quais foi inicialmente publicado. Este livro complementou-se com um novo prefácio e por declarações suplementares de Sua Santidade, o Dalai Lama, uma introdução de Hazel Henderson e um ensaio de Geoff Mulgan.

O livro é uma prova de apreço a todos os que contribuíram para a realização da *Spirit in Business World Conference*⁽**⁾ e, como primeira publicação do *Spirit in Business*, significa o lançamento do *Spirit in Business World Institute*, que tem a nobre tarefa de continuar o debate entre os que acreditam no espírito e os adeptos da riqueza material. Tanto o bom senso quanto as ciências modernas nos dizem que estes domínios aparentemente separados na verdade se encontram, e que, mais ainda, jamais deveriam ter-se distanciado. Afinal, assim como nós, seres humanos, somos constituídos por mente e

---

⁽*⁾ "Instituto Mundial para a Espiritualidade nos Negócios". (N. do T.)
⁽**⁾ "Conferência Mundial para a Espiritualidade nos Negócios". (N. do T.)

corpo, os domínios espiritual e material são duas faces da mesma moeda. A combinação do espírito e da matéria é que nos faz seres vivos inteiros, e é esta completude que nos traz a verdadeira riqueza.

SANDER TIDEMAN
MARCELO PALAZZI
Co-fundadores e co-diretores
Spirit in Business
abril de 2002

PRÓLOGO

HAZEL HENDERSON

Como tantos que encontram Sua Santidade, o Dalai Lama, senti seu calor e profunda simplicidade como uma bênção pessoal. Estive com ele pela primeira vez em meados de 1980, durante uma conferência sobre "O Verdadeiro Significado da Paz", organizada pelo ex-presidente e laureado com o Prêmio Nobel da Paz, Oscar Arias Sanchez. Os assuntos foram os mesmos, eternos, que abordamos no Fórum em Amsterdã, e que são objeto deste livro. Naquela ocasião, na Costa Rica, também enfrentamos o antiqüíssimo debate sobre os indivíduos e seus direitos *versus* nossas responsabilidades coletivas na relação com os outros, bem como o direito individual em contraposição a todas as formas de vida e ao ecossistema planetário.

Nos últimos quinze anos, com a aceleração da economia e da globalização tecnológica, tais debates fundamentais sobre direitos, responsabilidades e ética global são mais e mais freqüentes. O Dalai Lama tem sido, em todos esses diálogos, um líder claro e sábio, com sua espiritualidade repleta de bom senso, e que fala diretamente ao coração da nossa experiência humana. Não admira que ele seja seguido, em toda parte, por uma multidão de jornalistas e câmeras de TV!

Desde os ataques terroristas aos EUA em setembro de 2001, o mundo aprendeu muito sobre o lado sombrio da globalização. Com as boas novas sobre a difusão da comunicação humana, o desenvolvimento econômico, a democracia, a preocupação com os direitos humanos e o comércio, vieram as más notícias. Testemunhamos a globalização do terrorismo, a máfia, o crime, a lavagem de dinheiro, o tráfico de drogas e de armas, as doenças e até mesmo o retorno da escravidão e do tráfico de seres humanos mais vulneráveis.

O mundo também aprendeu que o crescimento econômico por si só não pode preencher o abismo que existe entre ricos e pobres. Efetivamente, o próprio Banco Mundial observou, em seu relatório *The Simultaneous Evolution of Growth and Inequality*[*] de 1999, que "a globalização parece aumentar a pobreza e a desigualdade". O relatório de 1999 das Nações Unidas sobre desenvolvimento humano destacou "as novas regras da globalização — e os atores que as escrevem — se concentram na interação dos mercados globais, negligenciando as necessidades das

---

[*] "A Evolução Simultânea do Crescimento e da Desigualdade". (N. do T.)

pessoas que os mercados não podem atender". Mesmo a Agência Central de Inteligência dos EUA (CIA), em suas *Perspectivas Globais para 2015*, do ano 2000, apontou que "A crescente maré da economia global criará muitos vencedores econômicos, mas não levará consigo todos os barcos. Ela irá gerar conflitos domésticos e no exterior [...] Regiões, países e grupos sentindo-se deixados para trás fomentarão extremismo político, étnico, ideológico e religioso, atrelado à violência que freqüentemente o acompanha".[1] Tudo isso virou a cabeça da economia convencional.

Estamos, efetivamente, no ponto crucial da globalização da competição econômica, do materialismo e do consumismo como caminhos para a satisfação e desenvolvimento humanos. Em muitos países industrializados vemos a decepção com o superdesenvolvimento e uma nova busca pela satisfação interior, paz e qualidade de vida. Uma pesquisa realizada pela Merck Foundation constatou que 28% dos adultos norte-americanos optaram por empregos com remuneração menor e mudaram-se para longe da "corrida urbana de ratos", em busca de comunidade, de um meio ambiente mais limpo e melhor qualidade geral de vida. Descrevi isto como uma nova "Economia de Atenção", que emergiu em países ricos com grande consumo de massa, onde a população considera que o seu tempo é mais valioso do que ganhar mais dinheiro.

Para refletir e expressar essas preocupações mais amplas e profundas, associei-me ao Calvert Group de fundos de aplicações socialmente responsáveis, que é co-patrocinador da Conferência Mundial para a Espiritualidade nos Negócios, com a finalidade de criar os *Indicadores de Qualidade de Vida Calvert-Henderson* (www.calvert-henderson.com). Em 2000, nosso Indicador de Segurança Nacional alertava que a estrutura da força militar dos Estados Unidos devia pôr mais ênfase nos meios para enfrentar as novas ameaças "assimétricas" do que nas armas pesadas e nos mísseis de defesa — priorizar questões relativas ao terrorismo, aos ataques cibernéticos e aos equipamentos de guerra de informação, bem como a segurança interna, e também dar atenção à busca de um reajustamento na política externa, trocando a resposta militar por mais diplomacia, mais acordos e uma inteligência melhor a respeito de outras sociedades e culturas.

Testemunhei a profundidade singela do Dalai Lama acerca de todos esses assuntos globais, como participante do Fórum 2000 do presidente Vaclav Havel — que é realizado anualmente. Em meio a luzes televisivas e ao esplendor do Castelo de Praga, o Dalai Lama falou sobre como atingir esta meta convencional que é o crescimento econômico. Comparou a visão de diversas religiões sobre essa preocupação humana, com a "religião" consumista dos últimos tempos, oferecida pela propaganda, pelos meios de comunicação de massa e pelo supermercado. Líderes representando todas as grandes religiões mundiais moviam suas cabeças aprovando a descrição que Sua Santidade fez da efêmera satisfação em adquirir mais bens materiais, na comparação com uma outra, mais profunda, que vem com a consciência espiritual e o abraçar de valores eternos.

Parece que o mundo encontra-se verdadeiramente na encruzilhada entre a globalização do consumismo — os brinquedos *high-tech*, as escolhas instrumentais no plano material (vistos nas religiões orientais como "maya", ou ilusões) — ou a evolução da humanidade na direção da responsabilidade pessoal e o desenvolvimento da ética global. Um espírito ecumênico entre todas as religiões do mundo afirma a não-violência, a justiça econômica e social, juntamente com a sustentabilidade ecológica. Tal ética de interdependência global, exemplificada na Carta da Terra, deve guiar agora os sistemas monetários, as economias e os mercados, bem como as escolhas tecnológicas. Continuarão os mercados a desvalorizar a compaixão e cooperação, supervalorizando a competição e o autointeresse? Milhões de cidadãos comuns, pais e pessoas que vivem nas sociedades tradicionais de ajuda mútua, ainda praticam a solidariedade e o compartilhamento.

Ainda há tempo para o mundo fazer uma escolha — reconhecer plenamente o valor e o alcance dessa "Economia Compassiva", gratuita e informal, baseada no cuidar e compartilhar, no criar e educar os jovens, no voluntariado e na ajuda mútua. Essa economia, escondida das estatísticas econômicas e, portanto, do conhecimento público, representa algo da ordem de 50% de todo o trabalho produtivo em todas as sociedades. Nos países em desenvolvimento, esses setores não-monetários tradicionais muitas vezes são os preponderantes. De fato, o Relatório de Desenvolvimento Humano das Nações Unidas de 1995 estimou o valor desse trabalho voluntário e das trocas cooperativas em 16 trilhões de dólares — número totalmente ausente nas estatísticas do Produto Interno Bruto.

Não desejo pôr fim aos mercados, ao dinheiro ou mesmo à competição. Apenas tento celebrar a compaixão, a cooperação, cuidar delas e colocá-las novamente em seu lugar legítimo em nossas sociedades. Isto implica em corrigir as teorias econômicas sobre valor e os pressupostos acerca da motivação humana — e também ensinar aos economistas sobre a ecologia e sobre a nossa verdadeira interconexão. Eventos que chocaram o mundo na aurora do novo século, produziram um novo despertar para as realidades da interdependência global que nós mesmos criamos. Muitos experimentam um novo senso de responsabilidade — particularmente na comunidade dos negócios, como evidencia o rápido crescimento dos investimentos socialmente responsáveis e o *triple bottom accounting*[*]. O Pacto Global da Secretaria Geral das Nações Unidas, com seus nove princípios da boa cidadania corporativa sobre os direitos humanos, padrões para o local de trabalho e o ambiente, atraiu mais de 400 corporações signatárias, incluindo o Calvert Group. O novo *Spirit in Business World Institute*, do qual tenho a honra de ser co-fundadora, é outra importante iniciativa.

Mahatma Gandhi observou que nada na história foi tão nocivo ao intelecto humano quanto a aceitação, entre nós, das doutrinas econômicas comuns como se fossem uma ciência. Um pequeno grupo de economistas, que inclui Barbara Ward, Kenneth Boulding, E.F. Schumacher, Gunnar Myrdal, sempre enfatizou, acompanhado por teólogos de muitas religiões, que a Economia não é uma ciência. O Comitê do Prêmio Nobel reconhece que o seu prêmio de economia foi, de fato, criado pelo Banco Central da Suécia. É gratificante ver este Prêmio Nobel de Economia ser dado, agora, a Amartya Sem, que estuda a pobreza, e Joseph Stiglitz,

---

[*] Forma de contabilização em empresas em que os relatórios informam não só sobre o desempenho financeiro, mas também a respeito da conformidade com padrões ambientais e sociais, ganhos e perdas ambientais e sociais. (N. do T.)

que ousou criticar o Fundo Monetário Internacional, o Banco Mundial e a economia convencional que estes adotaram.

Em Amsterdã, o Dalai Lama catalisou as ricas e multidimensionais discussões apresentadas neste livro. Elas continuarão a reverberar — e podem fazer crescer as possibilidades para os seres humanos e para o nosso futuro interdependente. Gosto muito dessas conversas, e do bom senso exemplificado pelo Dalai Lama. Minha educação foi calcada no ateísmo, e conduziu-me, por toda a vida, a uma busca por um significado mais profundo para a minha experiência humana. Estudei a maior parte das grandes religiões e valorizo seus ensinamentos essenciais sobre a Regra de Ouro, a justiça c a compaixão.

Como disse Sua Santidade em Praga, cada uma destas grandes religiões tem algo a oferecer na busca humana de realização — e todas podem aceitar esses ensinamentos essenciais que compartilham. De fato, muita miséria e conflito resultaram da competição entre religiões e da perversão de seus ensinamentos. Tristemente, isso continua nos dias de hoje. Talvez o maior dos ensinamentos do Dalai Lama esteja na relevância que outorga à bondade — e que a compaixão é mais poderosa que a competição. Pode-se construir, sobre a compaixão, uma ética global da interdependência humana, para um futuro mais humano.

O Dalai Lama
SOBRE SER "RICO"[2]

Ao considerar os prós e contras de ser rico, podemos pensar com mais cuidado sobre o nosso próprio estilo de vida. Por exemplo, exceção ao fato de que as pessoas mais ricas podem pensar "Sou rico mesmo!" — e de poderem reter essa afirmação em seus pensamentos, duvido que haja muita diferença na verdadeira qualidade de vida deles, se prestarem atenção aos detalhes reais. Mesmo no plano físico, quanto alguém pode pôr no estômago? Logo, até nos fatos práticos e materiais da vida, realmente não há nada tão especial assim em ser muito rico.

Por exemplo, você pode beber muito vinho ou qualquer outra bebida alcoólica, uma bebida muito cara, ou comer algo de fato dispendioso. Mas se a bebida é muito forte, ou se comer demais, prejudicará sua saúde. E algumas pessoas que não trabalham fisicamente têm medo de ficar muito mal de saúde; então, gastam uma quantidade enorme de energia exercitando-se intensamente. É o meu caso: como não saio muito para andar, faço exercícios na bicicleta todos os dias!

Se você ponderar, não há nada tão especial nisso. Mas no pensamento "Sou rico, rico mesmo!" — só a excitação dessa afirmação acarreta alguma energia. No entanto, isso traz realmente muito pouco benefício para algum tipo de autoimagem. Apenas por isso, vale a pena comprometer-se com todo o estresse de acumular uma enorme riqueza? Na própria família haverá infelicidade, e na sociedade existirão tantos sentindo inveja e rancor, querendo mal a você... E sentirá angústia por causa disso.

Assim, desenvolve-se uma consciência mais clara das realidades do estado de riqueza extrema. Por outro lado, se eles em vez disso pensarem: "Sou tão rico... se eu auxiliar estes pobres que estão na minha frente, ajudá-los em sua saúde, a desenvolver capacidades e boas qualidades, então estas pessoas mais pobres de fato gostarão de mim. Mesmo sendo rico, sentir-se-ão realmente amistosos em relação a mim". Desse modo, aquele que é rico encontrará verdadeira felicidade, não acha?

Outro exemplo: se houver alguma tragédia em uma família rica e desatenciosa, as pessoas comuns poderão até gostar disso. Mas no caso oposto, se algo trágico acontece a uma família rica e generosa, todos sentirão genuíno pesar. Portanto, se você enriquece cada vez mais e não compartilha nada, e os que estão ao seu redor de fato não gostam de você, como pode sentir-se bem? Somos fundamentalmente animais sociais e, dessa maneira, quando aqueles que nos circundam se tornam verdadeiramente amistosos, sentimos mais confiança mútua e ficamos muito mais felizes.

Desse modo, os ricos devem tomar uma decisão consciente, de própria vontade: fazer sua contribuição, compartilhar a riqueza que lhes veio de seu bom carma passado. Quando aumentar a sua consciência de que é necessário pensar nos outros, perceberão naturalmente que "ajudando mais aos outros, eles ficarão felizes, e então eu também ficarei feliz!" É isso que penso.

O LUGAR DO BEM-VIVER^(*)
GEOFF MULGAN

Como devemos compreender a relação entre a economia e o bem-viver, e as conexões da competição e da compaixão?

Primeiro necessitamos perceber onde estamos. Encontramo-nos a menos tempo do que uma vida da Grande Depressão, dos *gulags* e do holocausto. Gandhi, no início dos anos 30, ao ser questionado pelo rei da Inglaterra sobre o que ele pensava da civilização ocidental, compreensivelmente respondeu que "ela seria uma boa idéia". Naquele momento, as nações européias em disputa ainda presidiam grandes impérios, muitos deles mantidos à custa de uma opressão perversa. Porcentagem expressiva da população mundial vivia em uma pobreza abjeta, as mulheres tinham pouco ou nenhum direito, e o racismo era norma.

Em enorme contraste com a difícil situação da humanidade nos anos 30 e 40, a maior parte do mundo atual vive em paz, os impérios des-

---

(*) *Good Life*, em inglês. Optamos por bem-viver, a não ser em casos específicos, porque a tradução literal "boa vida" ou "vida boa" pode ter outras conotações em português. (N. do T.)

moronaram, a democracia se tornou tendência predominante, e vastas oportunidades se abriram a milhões de pessoas que uma geração atrás tinham pouca escolha sobre como viver. Grande número de pessoas tem hoje uma vida mais longa e saudável, mais livre e bem informada do que nossos ancestrais.

Esse quadro é, certamente, inconsistente. Nos últimos cinqüenta anos, o clima mundial começou a mostrar a tensão que é lidar com a humanidade, e genocídios da pior espécie foram cometidos, da Europa ao Camboja. Na África, a pobreza é ascendente, doenças e guerras civis causaram espantosa devastação; e mesmo no próspero Norte, permanecem bolsões de extrema pobreza. Recentemente, também fomos lembrados da capacidade de pequenos grupos de causar enorme dano, aptidão essa ampliada pelas novas tecnologias de destruição[*].

Mas de maneira geral não é difícil concluir que a economia em crescimento, a expansão da democracia e dos direitos humanos, e os feitos da ciência no combate às doenças transformaram para melhor a vida de bilhões de pessoas, e que apesar das novas inseguranças, a maior parte de nós vive mais, de modo muito mais saudável, seguro e potente do que as gerações anteriores.

---

[*] Alusão aos ataques terroristas de 11 de setembro de 2001. (N. do T.)

Não obstante muitos de nós — não apenas no Ocidente, mas também na Ásia e na América Latina — termos a chance de viver de modo bem mais próspero e confortável do que qualquer outra geração na história, como está a nossa *capacidade de viver bem*? Aqui o quadro é menos róseo. Apesar da explosão de revistas e manuais sobre como viver, das novas indústrias da terapia, aconselhamento e informação sobre relacionamentos, é difícil encontrar muitos sinais de progresso na nossa compreensão do que constitui o bem-viver. As idéias de filósofos e profetas de mais de 2 mil anos atrás — Buda, Jesus, Confúcio, Lao-Tsé — surpreendentemente ainda não foram substituídas ou consideradas obsoletas. Realmente, falam a nós com clareza e convicção, enquanto as idéias de seus contemporâneos sobre a física, medicina ou astronomia tornaram-se apenas curiosidades.

Este paradoxo — de um lado, maciço progresso científico e econômico e amplas mudanças nos fatos da vida, e de outro, progresso surpreendentemente pequeno em nossa compreensão das qualidades do bem-viver — é uma das estranhezas dos nossos tempos.

O que está por trás do paradoxo? Talvez essa resposta esteja na natureza da modernidade. O mundo em torno de nós foi moldado, mais do que qualquer outra coisa, pela busca de uma vida boa, da felicidade em uma sociedade justa, do céu na terra em vez de no pós-vida. A expansão da democracia para ampliar o círculo de compartilhamento dos frutos do crescimento econômico; o crescimento do mercado capitalista abastecido pela aspiração material; a migração de milhões na procura de uma vida melhor — tudo isso só aconteceu por causa do aprofundamento daquelas aspirações.

No caso das pessoas que tiveram de aceitar a pobreza esmagadora e a doença como a ordem natural das coisas, essa fome de uma vida melhor necessita de pouca explicação. Mesmo assim, seu efeito foi insensibilizar os profetas da modernidade à questão de como viver.

É possível que tenhamos chegado a um ponto em que essa lacuna em nossa constituição tornou-se insustentável; em parte porque aquilo que no passado se considerou fartura material converteu-se hoje a norma para a maioria das pessoas em grande parte do mundo; e também porque a lenta retirada da religião, que coincidiu com a expansão da economia capitalista, deixou um vazio crescente na vida de milhões de pessoas.

Em síntese, precisamos encontrar uma maneira de falar honesta e abertamente sobre o bem-viver — tanto expressando satisfação quanto no sentido mais profundo, ético. E necessitamos pensar mais claramente sobre a relação entre os bens que uma economia de mercado pode produzir e os padrões éticos pelos quais deve ser julgada.

Para fazer isso, primeiro é necessário fugir de alguns dos mitos sobre o que é o bem-viver. Os mais fortes vêm do extremo individualismo que forneceu alguns dos fundamentos filosóficos do capitalismo moderno. O filósofo Robert Nozick, falecido recentemente, perguntou uma vez se o mesmo conceito de bem-viver podia ser aplicado a uma raça humana composta de pessoas tão diferentes quanto Marilyn Monroe, Einstein, Wittgenstein e Louis Armstrong. Qualquer visão única do bem-viver, argumentou, será inevitavelmente opressiva. O melhor que podemos esperar é uma sociedade em que a todos é dada tanta liberdade quanto possível para definir por si mesmos o que é o bem-viver.

Esta concepção é inegavelmente atraente. Está de acordo com o senso comum de "não julgar", adotado pela maioria das sociedades ocidentais de hoje. No entanto é, na melhor das hipóteses, um discurso muito parcial, e qualquer sociedade que o leve a sério rapidamente se tornará infeliz e disfuncional. É enganoso, em primeiro lugar, porque muito do que diz respeito ao bem-viver não é apenas uma questão de liberdade individual, mas se sustenta na provisão coletiva, na ordem social, nas coisas que compartilhamos — como o ar puro, ruas seguras ou a civilidade.

É ilusório também porque os seres humanos não são assim tão diferentes entre si; compartilhamos praticamente a mesma biologia e muitos dos impulsos e necessidades, apesar de parecerem à primeira vista diferentes. E é errado porque ignora a evidência de que existiram, de modo notavelmente constante, características consideradas como do bem-viver por povos de tempos e espaços muito distintos. Há coisas que são atemporais e universais, não importa quão efêmera possa parecer a nossa vida boa, e quão diferente seja das vidas detestáveis, brutas e curtas dos nossos ancestrais — os mesmos elementos entram na constituição de uma parte crucial do que compreendemos como bem-viver.

Acho útil pensar nestes elementos como *atratores*[*] — elementos comuns que conduzem e motivam as pessoas em sociedades sob outros aspectos muito divergentes. Sete deles se destacam.

O primeiro é o bem-estar físico. Para a maioria das pessoas, a saúde é o principal determinante da felicidade. Sem ela pouco mais é possível (e, interessante, há cada vez mais evidências de que a saúde é um dos mais importantes fatores que levam à prosperidade econômica). O mesmo se aplica à segurança física — viver em risco de guerra ou violência é viver uma vida inferior, marcada pelo horror à submissão.

---

[*] *Attractors*, em inglês. (N. do T.)

O segundo é a família. Em todos os momentos da história, a grande maioria das pessoas escolheu viver em família. Sua forma variou enormemente. Às vezes, foi extensa, em algum momento, nuclear, em outras ocasiões, combinando duas, três ou mais gerações, ou ainda, envolvendo poligamia e poliginia. Mas a unidade família forneceu sustento emocional e suporte incondicional muito mais do que qualquer outra instituição, e teve também outras virtudes práticas, como um modo de compartilhar posses. As famílias podem ser brutais e disfuncionais, como também as comunidades, nações e religiões. Contudo é nelas que a nossa humanidade essencial — nossa capacidade de reproduzir e de fazer parte da cadeia da vida — encontra sua expressão mais pura, e até hoje a família permanece como a mais importante instância criadora de bem-estar e felicidade. Por todas as suas mudanças radicais de forma, na última geração, a família, tanto como ideal quanto como unidade social do dia-a-dia, provou-se notavelmente resiliente, permanecendo, no dizer de Christopher Lasch, um "céu em um mundo sem coração".

O terceiro é a comunidade. Gostamos de viver em sociedade, em contato com amigos e conhecidos. O povoado, a vila e a cidade sempre acolheram as pessoas. Além da família, a comunidade fornece reconhecimento, significado, oportunidades. Como aquela, esta pode por vezes oprimir e causar divisão; mas ela provê a ordem que necessitamos para ter uma chance justa de prosperar: previsibilidade, hábitos e proteção, e fornece também um contexto dentro do qual podemos construir uma vida boa.

O quarto é o acesso a bens. Comida para consumir, objetos para possuir, uma casa confortável, perfumes e jóias. Estes sempre foram atratores, desde o primeiro comércio de âmbar e conchas até as loterias de hoje. Os shopping centers atuais exploram a nossa atração por objetos brilhantes e sedutores a um ponto tal que o consumo facilmente pode se tornar vício. Mesmo assim, devemos sempre estar atentos para não condenar o por demais humano desejo de coisas materiais (e ainda menos porque o poeta inglês W.H. Auden alertou que "em geral, aqueles que odeiam os prazeres se tornam injustos").

O quinto é o ambiente. O bem-viver depende de ar e água puros, boas árvores, paisagens, jardins. As pessoas construíram vidas em uma variedade extraordinária de ambientes; em cada um deles, encontraram uma maneira de viver com o ecossistema, passando a depender radicalmente das suas mudanças e caprichos. A nossa dependência do ambiente se cristaliza nas religiões que o transformam em deidades; estamos reintegrando-o, agora, à nossa compreensão do que é bem-viver.

O sexto é o que poderia ser livremente chamado de soberania ou autonomia: o poder de dar forma a nossa própria vida. Isso é quase uma necessidade biológica. Há fortes evidências de que as pessoas localizadas em posições mais baixas nas hierarquias sofrem mais tensões do que aquelas que estão no topo, o que por sua vez reduz as suas possibilidades de vida. A ampla difusão das revoltas contra a opressão, ao longo da história, e mais recentemente a capacidade que a democracia demonstrou de enraizar-se em culturas tão diferentes como as de Taiwan, Índia, Polônia e México, confirma que esta fome de autodeterminação não é um interesse peculiar do Ocidente liberal.

O sétimo é a alma: a dimensão espiritual da vida sempre existiu em tensão com os laços da família e da comunidade, e com a fascinação pelas coisas físicas. Mas uma compreensão espiritual da transcendência, da conexão e do assombro diante do Universo, manifestou-se na igreja, no templo ou na mesquita existente no coração de cada comunidade. Enquanto outros atratores dizem respeito à complexidade, preenchendo nossa vida com significados e coisas úteis, este profundo elemento do bem-viver envolve a simplicidade e as coisas fundamentais. Como disse o místico cristão medieval Mestre Eckhart, não se encontra Deus na alma por adicionarmos alguma coisa, mas sim por *subtrairmos*.

Estes atratores, juntos, constituem os fundamentos do bem-viver. É interessante que cada um deles sempre coexistiu com a sua sombra. Na maior parte das sociedades de que se tem registro, houve movimentos de rejeição da família, da comunidade e da busca de bens materiais. Sociedades herméticas, monásticas e ascéticas serviram de desafio, espelhos em que o modo de vida e as crenças aceitas pela parte maior da sociedade podiam ver a si mesmas. No entanto, esses movimentos de rejeição nunca cooptaram mais do que pequenas minorias. Nenhum se tornou parte da tendência predominante da sociedade.

Que lições tiramos da atemporalidade desses atratores? Como indivíduos, sabemos que o bem-viver é constituído desses materiais, como também da nossa sorte e dos nossos genes. A partir deles, construímos formas, significados, desafios, resoluções, que juntos fazem uma história de vida e, de modo último, esperamos, um padrão. Deles, e da reflexão sobre eles, construímos uma vida (e este é, exatamente, o coração da ética: como assinalou Sócrates, uma vida não questionada não vale a pena ser vivida).

Mas é peculiar ao nosso pensamento político ocidental moderno ter muito pouco a dizer sobre esses atratores. O marxismo tentou negar a necessidade de muitos deles, e algumas sociedades marxistas obtiveram algum "sucesso" na obliteração não só da família, da comunidade e do ambiente, como também da religião e da provisão material. Algumas delas chegaram até a reduzir a soberania do povo a um ponto ainda mais abaixo daquele que havia ao se iniciarem. O liberalismo sempre suspeitou da força desses laços arcaicos, e por mais de duzentos anos o capitalismo sofreu ataques por sua fraqueza espiritual, por extrair da família e da comunidade tempo e energia, gastos em trabalho e lazer comercializado.

Todos esses sistemas prometeram um bem-viver, porém mediante uma ilusão fundamental. O comunismo prenunciou a realização da liberdade e do potencial humanos, mas pediu que fossem suspensos por um tempo. Inversamente, o capitalismo, como argumenta eloqüentemente Adam Smith em *A Riqueza das Nações*, sempre se baseou na natureza ilusória de uma mão invisível que encoraja as pessoas a trabalharem para ganhar coisas essencialmente sem valor, "badulaques e bugigangas", como ele as denomina, que não as fazem felizes.

Não surpreende que os teóricos, no primeiro surto do início da modernidade, tenham esquecido das lições permanentes sobre os elementos constituintes do bem-viver. Todavia, agora temos fartas evidências científicas a confirmar que os fundamentos do bem-estar incluem não somente a abundância material, mas também boa saúde, relacionamentos fortes, liberdade e reconhecimento.

Para alguns, qualquer discussão sobre o bem-viver é vista como uma distração dos problemas mais urgentes da pobreza e exclusão social. Mesmo em sociedades com uma riqueza sem precedentes, e que crescem consistentemente, ainda pode ser muito fácil deixar de lado questões sobre a qualidade de vida, vendo-as como acréscimos de luxo que só deveriam ser considerados depois que os fundamentos importantes fossem assegurados.

Carl Jung escreveu uma vez que "todos os grandes problemas da vida, os mais importantes, são fundamentalmente insolúveis... Não podem ser resolvidos, mas ultrapassados. Ficou provado por novas investigações que esse 'ultrapassar' requer um novo nível de consciência. Um interesse maior ou mais amplo surge no horizonte, e por meio desta ampliação a perspectiva do problema insolúvel perde sua urgência".

Suspeito que muitas das nossas dificuldades mais agudas são, de fato, solúveis. Mas a insatisfação que muitos sentem com a vida e com a abundância material não é uma delas. Diferentemente do desemprego, das doenças ou da desigualdade, essa insatisfação pode ser mais bem compreendida como um problema a ser ultrapassado do que resolvido, à medida que a nossa cultura se orienta para a busca do crescimento e por sua vez para uma compreensão que é mais familiar ao mundo natural e às grandes religiões: a de que o crescimento também envolve aprofundamento.

O Dalai Lama
SOBRE O ALTRUÍSMO NA ECONOMIA[3]

O mais difícil de tudo é encontrar um ponto de conciliação da economia com o altruísmo. Entretanto, esses dois campos podem — e devem — encontrar-se nos níveis global e individual.

No plano global, devemos tomar medidas imediatas para criar códigos éticos no mundo dos negócios e das finanças. Caso contrário, esses dois clubes continuarão a proteger seus próprios interesses, enquanto criam problemas ecológicos extremamente sérios para o resto do mundo. Também devemos lembrar que a economia é responsável pela criação de um abismo inaceitável existente entre as nações, e mesmo entre pessoas da mesma nação. Se continuarmos por esse caminho, a situação poderá tornar-se irremediável. A diferença escancarada entre os que "têm" e os que "não têm" criará muito sofrimento para todos, inclusive para a própria esfera financeira. Portanto, ampliemos nossa perspectiva para incluir o bem-estar do mundo inteiro e o das futuras gerações em nossa visão da economia.

É óbvio que esta precisa tornar-se mais humanizada. Todos aqueles que têm um papel a desempenhar nas finanças e nos negócios devem desenvolver um senso de responsabilidade baseado no altruísmo e que leve em conta o que é bom para o mundo todo. Caso contrário — e provavelmente mais cedo do que tarde — as economias mundiais encontrar-se-ão em situações perturbadoras, extremamente difíceis.

No início do século XX as coisas estavam bem, mas agora precisamos pensar cuidadosamente sobre o futuro, já que a população humana cresceu enormemente. Hoje, o mundo inteiro está muito mais interligado, o que vocês chamam de "globalização". Por causa das trocas comerciais, a moeda — que nada mais é do que pequenos pedaços de papel — tornou-se tão importante e sem ela não podemos funcionar na vida cotidiana... Tornamo-nos frágeis demais. Para mim, a indicação de que algo está realmente errado no mundo de hoje é o fato de que se os Estados Unidos espirram, o mundo todo pega uma gripe.

Como podemos desenvolver compaixão e aceitá-la como princípio norteador, quando a ordem mundial e a economia são calcadas nos princípios da competição? Esta é realmente uma grande questão. Creio que acharemos a resposta se tomarmos como base a consciência: devemos nos encontrar e discutir isso com mais freqüência, e deste modo é possível que gradualmente se descubra soluções.

EMPREENDIMENTO E DESENVOLVIMENTO NO SÉCULO XXI
Compaixão ou Competição?

FÓRUM DE DISCUSSÃO

eoff Mulgan: Estamos aqui para falar sobre assuntos tão importantes quanto seria possível imaginar nas últimas semanas do milênio; acima de tudo, se o próximo período será ou não de progresso ético. Cerca de setenta anos atrás, quando o rei da Inglaterra perguntou a Mahatma Gandhi sua opinião acerca da civilização ocidental, ele disse: "Seria uma boa idéia". Vale a pena lembrar que era um tempo em que os impérios europeus governavam o mundo, o holocausto estava em preparação, e os *gulags* no seu auge — o que talvez seja um sinal de que *algum* progresso ético é possível. Mas desde então, assistimos também à destruição ambiental e, nos últimos anos, ao genocídio na Bósnia e no Timor Leste, fatos tão lamentáveis quanto qualquer outro na história humana; o que é uma advertência de que o progresso não é inexorável.

Estamos aqui esta noite para falar especialmente a respeito do papel dos negócios, algo bastante raro em discussões deste tipo, mas muito apropriado, dado que mais da metade das maiores economias do mundo são agora negócios, e não Estados nacionais.

Todavia, penso que é justo dizer que os negócios encontram dificuldade para colocar em prática o que isso implica em termos de suas responsabilidades, seja em relação aos direitos humanos, ao trabalho infantil, ao meio ambiente ou a novas tecnologias como a dos alimentos geneticamente modificados. E os negócios estão participando de um debate mais amplo, do qual Sua Santidade tem sido figura-chave, a respeito de como repensar nossas responsabilidades e estar à altura das novas realidades da interdependência.

Sua Santidade: Para mim é um grande prazer e uma honra participar desta breve discussão sobre o papel da compaixão e da competição na sociedade moderna. No que diz respeito a uma opinião bem informada sobre o papel dos negócios na sociedade moderna — especificamente quanto às responsabilidades éticas ligadas a fazer negócios — não acho que eu tenha muito a oferecer. Mas, de qualquer forma, penso que este tipo de reunião, este tipo de discussão séria, é uma excelente oportunidade para aprender; assim, estou mais ansioso para ouvir do que falar!

É minha crença fundamental que, genericamente falando, todo ser humano tem uma responsabilidade moral com a humanidade, a responsabilidade de ter em mente e levar em consideração nosso futuro em comum. Acredito também que cada indivíduo tem competência para fazer ao menos uma contribuição para a felicidade e o bem-estar da humanidade. Sendo assim, aqueles de vocês que estão no mundo dos negócios, como uma parte importante da humanidade, certamente têm um grande potencial para contribuir. Portanto, é determinante que ao estarem envolvidos com assuntos de negócios e dinheiro, tenham também em mente o senso dessa responsabilidade.

Se você pensa apenas no lucro imediato, então terá de sofrer as conseqüências em médio prazo. Acho que isso é evidente quando vemos o que está acontecendo ao meio ambiente. Agora, os resultados do consumo dos recursos naturais e da manufatura sem considerar seu impacto no meio ambiente aparecem claramente. Assim, aqueles de vocês que estão envolvidos com negócios têm certo vínculo com essa situação e arcam com alguma responsabilidade.

Além do mais, no plano global e internacional, há esta brecha, este enorme abismo entre ricos e pobres: as nações industriais do Norte desfrutam de um excedente — na América do Norte, por exemplo, o número de bilionários está crescendo rapidamente — enquanto, simultaneamente, no Hemisfério Sul deste mesmo planeta, seres humanos aos milhares carecem do mínimo até para as suas necessidades básicas, e suas crianças mostram claros sinais da má nutrição que lhes comprometerá ou arruinará a vida inteira. Isto é muito triste.

Também dentro dos países, os ricos aumentam sua riqueza enquanto os pobres continuam como estão, e em alguns casos ficam ainda mais pobres. Desse modo, tal realidade não só é moralmente inaceitável como também é fonte de problemas objetivos. Mesmo que a constituição estabeleça direitos e oportunidades iguais, a tremenda desigualdade econômica coloca as pessoas mais pobres em desvantagem com relação à sua educação e suas carreiras profissionais. Isso as deixa com uma insatisfação permanente, um sentimento de estar empobrecendo, de inferioridade.

Esses sentimentos se transformam em ódio, que por sua vez leva ao crime, aos gangsters, assassinatos, e assim por diante. Como resultado, toda a sociedade sofre — mesmo os mais ricos, constantemente sob ameaça, e perturbados por sentimentos de insegurança. Penso que também no nível global às vezes surgem problemas desnecessários por causa desse distanciamento. Assim, é certo que a comunidade dos negócios está claramente ligada também a esses problemas.

Concluindo, acredito que toda atividade humana levada a cabo com sentimentos, senso de responsabilidade, compromisso, disciplina e uma visão mais ampla das conseqüências e conexões — seja no campo da religião, da política, dos negócios, da medicina, da ciência ou da tecnologia — é construtiva. Por outro lado, se essas atividades humanas têm visão estreita e visam interesses em curto prazo, especialmente se a intenção é apenas acumular dinheiro ou poder, então se tornam todas negativas, destrutivas. Se a sua atitude mental não é correta, mesmo pregar a religião é destrutivo e cria mais problemas. Portanto, tudo depende da motivação humana. Eis porque, creio, para que a atividade humana seja construtiva, primeiro devemos examinar a nossa motivação.

E quando falamos sobre isso, considero que o seu aspecto mais importante é cuidarmos uns dos outros, compartilharmos, e assumir a responsabilidade pelas grandes questões relacionadas ao interesse comum. Portanto, essa é a minha visão sobre como ganhar dinheiro *corretamente!*

Hazel Henderson: Quero agradecer ao Dalai Lama, Sua Santidade, por ser um líder. Espero que isto encoraje também os membros de outras tradições religiosas a falar sobre o tema da economia, porque, é claro, não é algo separado da nossa vida.

Estou interessada realmente em alguma coisa que vai além da globalização: a questão de como criar uma economia global sustentável. Para mim, esta questão é sobre os quatro "C"s: Competição, Cooperação, Compaixão e Criatividade. Temos, então, de criar projetos para mudar a forma da nossa economia, tornando-a ecológica e socialmente sustentável. E a chave para esta condição última precisa passar pela reversão do abismo cada vez maior entre os ricos e os pobres, não somente entre Norte e Sul, mas também dentro de muitos dos nossos países — certamente dentro do meu, os Estados Unidos, essa distância está aumentando. Assim, apóio amplamente a campanha Jubileu 2000, que está em andamento. É empolgante para mim que todas essas pessoas do mundo inteiro tenham conseguido persuadir os líderes do G7 em Washington, inclusive o presidente Clinton, a apoiar a idéia de perdoar as dívidas dos trinta e seis países mais endividados do mundo. Isso é necessário — mas não é suficiente.

Devemos também mudar a receita atual para o crescimento econômico — conhecida como o "Consenso de Washington" — porque ao mensurar o crescimento pelo aumento do PIB (Produto Interno Bruto), ela conduziu nossos países na direção errada. Desregulamentação, privatização, comércio livre — não é o bastante, é um erro que levou a esse abismo crescente. O problema é que nos concentramos em tipos muito estreitos de globalização: de mercados, finanças e tecnologia. Isso criou a bolha financeira de que falo há muitos anos, esse trilhão e meio de dólares que circula pelo mundo inteiro diariamente. É muito interessante para mim que até Jeffrey Sachs, de Harvard, um dos economistas que nos últimos dez anos defendeu o chamado Consenso de Washington, tenha mudado de opinião. Estivemos juntos recentemente em Praga, com o presidente Havel, e ele agora apóia o Jubileu 2000; assim, estamos fazendo algum progresso.

O que precisamos fazer, acredito, é estabelecer preços para os produtos considerando seu custo completo — preços que incluam os custos ambientais e sociais — e, é claro, mudar a formulação do Produto Interno Bruto de maneira a refletir uma qualidade muito mais ampla de vida. Penso que também temos de mudar nossos impostos, evitando taxar as receitas e folhas de pagamento, e sim tributar o desperdício, a poluição e o esgotamento de recursos, pois isto ajudará a criar pleno emprego e ao mesmo tempo melhorará o ambiente.

Considero que aquilo com que realmente me envolvi é tentar subir o piso ético no campo das ações globais, porque estou ligada aos investimentos socialmente responsáveis nos Estados Unidos desde 1982, quando isso era uma "idéia nova" e nós — os grupos que tinham esses fundos de investimento com critérios éticos — éramos muito poucos. Hoje é muito animador, porque existem sessenta fundos nos Estados

Unidos copiando o nosso, e estamos muito felizes com isso. E há 1,3 trilhão de dólares depositados nesses fundos que não investem em companhias que manufaturam armas, ou poluem o ambiente, ou são injustas com seus funcionários, e todos esses critérios similares. Acho que devemos estimular mais corporações a assinar esses códigos de conduta ética, e desenvolver esses conceitos de incluir os custos sociais e ambientais em seus balanços anuais.

É também alentador ver como muitas pessoas se envolvem, agora, com a revolução do microcrédito, que o torna disponível para os menores negócios. Até mesmo os grandes bancos estão se abrindo para isso; e nos Estados Unidos criamos o nosso próprio indicador do mercado de ações, para os nossos fundos de investimento socialmente responsáveis — chamado de "Domini Social 400". É muito bom ver que esse índice superou o índice Standard & Poors nos últimos cinco anos, de maneira que até a Dow Jones desenvolveu seu próprio índice de sustentabilidade. Não estou bem certa do que eles entendem por isso, mas pelo menos estão na direção correta. Assim, acredito que realmente podemos progredir mais rapidamente se estimularmos as ações da sociedade civil, e trabalharmos juntos para incentivar as corporações a atender a esses tipos de responsabilidades sociais.

Jermyn Brooks: Sinto-me tentado a aceitar o desafio — que não estava em meu programa — de responder ao comentário que Sua Santidade fez sobre a diferença de riqueza, porque ela na verdade é, em longo prazo, um dos maiores desafios, e gostaria de falar sobre como os negócios podem responder a ele e oferecer uma contribuição real.

Quero abordar o tema de como a área de negócios está mudando em sua atitude quanto à ética nesse campo. Historicamente considerando, foi só ontem que Milton Friedman disse: "O negócio dos negócios são negócios". Eu gostaria de lhes mostrar como já estamos nos distanciando dessa afirmação — pelo menos em algumas companhias mais iluminadas.

Entretanto, é importante, de início, reconhecer que não encontramos uma maneira eficaz de assegurar a eficiência dos negócios que não seja a da competição entre eles — modificada, admito, pelas regulamentações antitruste, e, é claro, com a constituição de uma rede social para os socialmente carentes e menos afortunados.

Mesmo assim, em larga escala, a competição é vital, e a meta de toda pessoa de negócios continua sendo a de operar lucrativamente dentro desse ambiente competitivo, pois, se isso for esquecido, o empreendimento não sobrevive.

Recordemos então que essa forma de agir devia ser um interesse primordial de todo empreendedor, e, é claro, isso levou a conceitos que são muito conhecidos pela maior parte de nós, tais como maximizar dividendos para os acionistas, e — muito em função dos mercados de capitais — compreender essa maximização apenas em curto prazo e visando somente o lucro final.

O que acontece agora é que as pessoas começam a perceber que uma abordagem em longo prazo traz maximização de dividendos aos acionistas. Ouvimos da nossa conferencista anterior, Hazel, que há pelo menos algumas evidências de que as companhias que adotam uma política em longo prazo e mais ampla dos negócios são pelo menos tão bem-sucedidas, se não mais, do que as que têm um foco restrito à obtenção de lucros.

Então o ponto de convergência no longo prazo, considerando o valor pago ao acionista, pode ser visto nos mesmos termos que o interesse na maximização do valor do *stakeholder*(*). O que isso quer dizer? Significa concentrar a atenção nos componentes individuais da população de *stakeholders*, ou seja, as pessoas que trabalham para a companhia (isso parece tão natural, mas em muitas empresas tende a ser negligenciado); estar atento às reais necessidades dos clientes; nos interesses dos fornecedores; preocupar-

---

(*) Indivíduos ou organizações com interesse nas atividades de uma empresa. Os *stakeholders* de uma empresa incluem os empregados, consumidores, a comunidade, o governo. (N. do T.)

se com o uso dos recursos e do ambiente; e trabalhar com comunidades locais, tendo boas relações com o governo e com a sociedade em sentido amplo.

Focar a atenção nos *stakeholders* expressa também que as empresas têm de se assegurar de que estão realmente agregando valor, valor agregado *social*. E o que isto quer dizer? Significa que se as companhias, no longo prazo, não estiverem operando alinhadas com as expectativas da sociedade, terão grandes dificuldades — darei alguns exemplos mais tarde.

Então, quais são as conseqüências para as empresas que adotarem essa visão de longo prazo e concentrarem a atenção nos *stakeholders?* Bem, em primeiro lugar, elas têm de reavaliar os valores que empregam para gerenciar seus negócios, a ética com que atuam e a estratégia que escolheram em termos de sustentabilidade. Mas não basta apenas fazer o exercício de escrever novas e bonitas declarações de valores — deve haver um processo de monitoramento.

Desse modo, as empresas necessitam criar uma função de *compliance*(*) para assegurar que todos na companhia realmente compreendam o que são esses valores, haja sanções e também elogios para o comportamento apropriado. Ao mesmo

---

(*) Verificação da compreensão e obediência às normas ou diretrizes. Correntemente usado em inglês. (N. do T.)

tempo, muitas empresas trabalharam em "programas de garantia de reputação", concebidos para antecipar os problemas que podem ocorrer caso haja grandes questões relativas à reputação da empresa. Darei exemplos logo a seguir.

A segunda conseqüência é iniciar um diálogo com a sociedade. Isso soa grandioso, mas o que significa na verdade é ser capaz de conversar claramente, com uma abertura muito maior do que a que tradicionalmente as empresas têm, com ONGs (organizações não-governamentais), representantes do governo, clientes e fornecedores, e — acredite ou não — com seus próprios funcionários. Muitas empresas treinam bem seus funcionários, contratam-nos bem e, se são bons, até os despedem com muita compaixão, lidando com seus problemas. Mas elas realmente falam, conversam com eles? Será que elas os usam — como certamente a minha empresa está começando a aprender — como fonte de força para seu planejamento?

E a terceira conseqüência, para mim, é que as empresas necessitam adotar aquilo que é cada vez mais comum chamarmos de abordagem do *triple bottom line* para o sucesso empresarial, cujos três elementos são: desempenhos financeiro, ambiental e social. As empresas mais avançadas neste campo já preparam relatórios e balanços incluindo essas três áreas. Particularmente na área financeira, algumas buscam índices prospectivos, ou índices de futuro (relatórios de valor, em vez de histórico financeiro). Algumas delas já estão tornando públicos esses informes, e fazendo-o de uma maneira diferente, ou seja, admitindo publicamente que ficaram aquém de suas normas internas. E como passo final, assim como os demonstrativos financeiros são feitos por terceiros, solicitar a estes, como fonte independente, que verifiquem a precisão das declarações publicadas nesses relatórios verdes e sociais.

É muito triste — entretanto suponho que reflita a natureza humana — que algumas das melhores empresas neste campo tenham de abrir caminho para essas medidas passando por grandes crises. Uma delas, muito conhecida neste país, a Shell anglo-holandesa, teve problemas ambientais e relativos aos direitos humanos no Mar do Norte, onde foi obrigada a abandonar uma grande estação petrolífera, e com uma tribo na Nigéria, que reclamou estar sendo desalojada de seu território pelas atividades de exploração da Shell.

A resposta da empresa foi encarar tudo isso como um infeliz incidente de relacionamento, e estabelecer um programa com atividades de relações públicas adequadas e apoio para superar o impacto negativo nos jornais. O que eles fizeram realmente foi adotar alguns dos passos que acabo de destacar para rever seus valores, introduzir sistemas de *compliance*, pensar muito sobre sustentabilidade, e preparar balanços e relatórios do tipo que falei.

Em termos de interação com a sociedade, implementaram um dos melhores programas de que já ouvi falar, por meio do website da empresa, onde cruzam informações com todas as ONGs que os criticam, possibilitando a qualquer pessoa que entre na página acompanhar a história de ambos os lados. Obviamente, trata-se de uma grande empresa, com enormes recursos, mas que está na liderança desses processos.

Um exemplo americano agora é a Nike, o pessoal dos tênis de corrida. Eles se depararam com um sério problema quando se descobriu que, mesmo não considerando esse comportamento apropriado nos Estados Unidos, em outros países — alguns dos mais pobres do mundo — a empresa empregava o trabalho infantil, realizado em condições muitas vezes estarrecedoras. A resposta da empresa foi rever todo o seu processo de manufatura fora dos Estados Unidos, e repensar que tipo de valores e direitos humanos deveria ser aplicado no processo de fabricação usado pela empresa.

Estabeleceram então um sistema de verificação anual, de modo que pudessem falar sobre ele à imprensa e aos analistas de negócios, bem como, é claro, aos seus acionistas e às ONGs. Um dos aspectos interessantes desse caso foi que eles não necessariamente pararam de empregar crianças ou simplesmente fecharam essas fábricas, o que teria criado privações a famílias que dependiam dessa renda para viver, mas estabeleceram conversações com as pessoas nos países envolvidos sobre o que poderia ajudar a melhorar as condições de trabalho dos jovens, dando-lhes oportunidade de estudar e progredir.

Portanto, estes são exemplos de maneiras não-convencionais de se lidar com esse tipo de problema e, em resumo, acredito que as empresas podem realmente provar que são capazes de funcionar com eficiência e lucro, e ao mesmo tempo agir de acordo com os mais altos valores éticos das sociedades em que operam.

Ruud Lubbers: Concordo plenamente com as afirmações de Sua Santidade e de Jermyn Brooks, e, mais especificamente, admito que há uma nova perspectiva desenvolvendo-se nos negócios, e que as pessoas envolvidas nessa esfera estão incluindo valores sociais em suas declarações de missão, códigos de conduta e em muitas outras coisas. Acrescentaria também, como ex-político, que seria útil para a sociedade, seus líderes e também suas ONGs que praticam valores sociais, colocar alguma pressão constante sobre as empresas, porque o único modo de internalizar esses valores é identificar os responsáveis quando algo fica aquém do esperado. Jermyn Brooks deu exemplos disso.

E penso que este é o futuro dos negócios — isso *vai* acontecer. É uma perspectiva de esperança, e talvez vocês me achem ingênuo, porém estou bem seguro de que algo está acontecendo no mundo e de que as pessoas serão convertidas a esses novos padrões, esse novo estilo de negócios. Mas ainda temos um longo caminho a percorrer.

Ao me preparar para fazer algumas observações, li um livro maravilhoso que registrou uma conversa entre o Dalai Lama e Fabien Ouaki[4]. Destaquei alguns pontos.

O primeiro deles foi que Sua Santidade afirma a importância do princípio do pluralismo religioso, e que é melhor para o mundo ter diferentes religiões. Assim, nessas afirmações, ele deixa claro que a opinião religiosa, ou se quiserem, a cultura religiosa, pode ser positiva se acolher a diversidade, uma sociedade plural. Penso que isso é muito positivo, porque temos más recordações a respeito das religiões em disputa. Mesmo assim, elas podem desempenhar um papel positivo, desde que atendam a essa condição básica.

O segundo ponto que me atingiu veio de um momento bem no começo daquele diálogo, em que Sua Santidade afirma: "A maior parte dos sistemas jurídicos só se refere aos direitos humanos, e não considera os direitos dos animais e outros seres que dividem conosco o planeta".

Lembrei-me de 1992, quando tive o privilégio de estar no Rio de Janeiro para a Conferência das Nações Unidas sobre o Meio Ambiente. Foi surpreendente que tantas ONGs e representantes de povos indígenas, presentes no evento, fizessem o mesmo apelo por um modo diferente de ver o mundo.

E eu percebi, como holandês, europeu, que foi há mais de quinhentos anos que ouvimos algo similar, no *Cântico do Sol* de São Francisco de Assis. São Francisco foi alguém que ainda era capaz de referir-se à vida em termos de uma irmandade com os animais, de ver a essência da natureza, perceber o seu valor. E apesar de econômica e tecnologicamente termos sido muito bem-sucedidos em nossa civilização ocidental, perdemos o talento de nos ver como parte da Terra, da "Mãe" Terra, e até do Universo. Isto está além dos seres humanos isoladamente, e ultrapassa a economia e a tecnologia. E, desde o Rio, vimos os enormes esforços feitos para expressar essa situação em uma Carta da Terra, que não discorda do conceito de direitos humanos, mas na verdade lhe acrescenta novos elementos.

Paradoxalmente, na atualidade, a globalização vista em termos econômicos e tecnológicos dirige cada vez mais atenção à espiritualidade. É bom, Sua Santidade, que o senhor tenha recebido o Prêmio Nobel da Paz, mas ele nos fala de um conceito mais tradicional de paz. O senhor também foi capaz de nos enviar uma mensagem, do mesmo modo como faz aqui, hoje, sobre outros valores. Acho isso excelente. E, a propósito, é ótimo que, no mesmo dia em que o vejo neste país, ouvimos que o Prêmio Nobel da Paz deste ano vai para os Médicos Sem Fronteiras. É outro sinal de que o conceito de paz, o conceito de viver juntos, de viver em harmonia, está muito relacionado a uma visão espiritual da vida. Está adquirindo forma e substância, não só na política, mas também por intermédio de líderes religiosos e daqueles que provam em seus atos que também existem outros valores.

No livro, li também sobre a tecnologia. Achei muito interessante, e vou citá-lo, Sua Santidade, porque está muito bem formulado. Em certo momento da conversa, o senhor disse: "No Tibete, tínhamos uma regra: qualquer pessoa que apresentasse uma invenção tinha de garantir, antes que fosse adotada, que ela seria benéfica, ou não seria prejudicial, por pelo menos sete gerações de seres humanos". E mais uma vez eu me lembrei do Rio de Janeiro, onde formulamos um assim chamado princípio de precaução, muito parecido com isso e — contrastando com o pensamento em curto prazo que Jermyn Brooks assinalou como um dos aspectos da nossa economia ocidental moderna — caracterizado como um pensamento em longo prazo.

Gostaria de fazer-lhes um relato de uma conversa que tive com um membro da Académie Française, um famoso médico de nome Michel Serrer. Ele me disse que deu aulas para várias gerações de alunos; que se sentia orgulhoso deles e de suas novas invenções. "Senhor Lubbers", ele disse, "nos últimos anos cheguei à conclusão de que é cada vez maior o número dos meus estudantes, aqueles que aprecio muito, que não estão tão satisfeitos em serem médicos de ponta, inventando e aplicando novas tecnologias. Eles começaram a se preocupar se aquilo que fazem é ou não sempre correto. Já tivemos essa experiência antes, o senhor sabe, com aqueles que nos trouxeram as armas nucleares; no fim, eles tiveram uma enorme dor de cabeça. Vemos a mesma coisa acontecendo, cada vez mais".

Perguntei então a esse famoso Monsieur Serrer: "O senhor tem alguma idéia do que fazer a respeito? Nós, políticos, temos de colocar freios na nossa nova tecnologia?" "Não", ele disse, "pensei muito sobre isso, e acho que para encontrar a resposta devemos voltar no tempo mais ou menos dois mil e quinhentos anos".

Fiquei realmente surpreso: o que podemos encontrar lá, antes de Cristo? Ele então me explicou: "Naquele tempo havia um homem chamado Hipócrates. Vivia na Grécia em um tempo em que um progresso substancial naquilo que os médicos podiam conseguir fora obtido, e as pessoas começavam a se sentir um pouco assustadas com o poder desses médicos. Eles conversaram sobre essa situação e concluíram sobre a necessidade de um juramento que, ao decidir praticar a medicina, qualquer um teria de prestar: o juramento de Hipócrates. Acho que hoje deveríamos propor um juramento similar para aqueles que estão produzindo a ciência e a tecnologia". E, de fato, ele já elaborara uma fórmula para tal juramento.

A questão, portanto, é: já que fomos tão longe, nos limites da economia e da tecnologia, dominando ao longo desse caminho o mundo todo, estamos ao mesmo tempo chegando a um ponto em que a *responsabilidade*, em termos morais, se torna tão importante que necessitamos de novas iniciativas. Jermyn Brooks disse algo sobre isso, pelo que tem meu aplauso, e Hazel Henderson explicou que até um economista tão famoso quanto Jeffrey Sachs está mudando de atitude.

Deixem-me finalizar afirmando que estou realmente preocupado, precisamente porque estive no meio dos negócios, estive no meio político, e tentei olhar objetivamente para o modo como o mundo se desenvolve. Preocupo-me especialmente com a assim chamada civilização ocidental mencionada pelo moderador. Sim, pregamos certos valores, mas a realidade da vida é muito aquilo que chamo de "Triângulo das Bermudas" dos valores. O que isso quer dizer? Vou tentar resumir.

Primeiro, há a *economização* da vida. Tudo é dinheiro e economia. Toda identidade humana é medida em termos de dinheiro. A sua identidade é a sua renda, seu nível de consumo. Segundo, há o enorme poder da mídia, que tem uma mentalidade tão imediatista quanto a da economia. Tudo são *sound bites*[*]. Tudo é notícia que choca. Quando chegamos em casa perguntamos "O que aconteceu hoje?" Se nada aconteceu, não conseguimos relaxar. A mídia sabe disso e constantemente adapta as notícias a esse fato. Chamo isso de *midiatização* da vida. E, em terceiro lugar, há a *política em curto prazo*. Política — supostamente deveria ser feita por uma causa pública; os estadistas pensando em longo prazo, mas na realidade trata-se de se dar bem na mídia. Curto prazo, os três. E sobre dinheiro. Se está no triângulo, você se perde, você afunda.

Ora, precisamos organizar algo para contrabalançar isto, e, é claro, só podem ser valores espirituais e um estilo de vida diferente. E temos de apoiar aqueles que são ativos nessas áreas. É necessário imaginar um mundo diferente e torná-lo real.

---

[*] Expressão idiomática que significa: declaração curta dada por um político a outro líder, e transmitida em rádio ou TV em um programa informativo. (N. do T.)

Eu disse algumas palavras sobre a iniciativa da Carta da Terra, mas há várias outras assim. As religiões do mundo encontraram-se, entraram em diálogo, e fizeram declarações. O que elas propõem? Como não estou mais ativo na política, tenho tempo para estudar esses documentos, e há três elementos-chave, refletindo três aspectos da sociedade. São eles: buscar uma sociedade *justa, sustentável* e *participativa.*

Justo é um conceito conhecido de vocês. Trata-se de justiça, imparcialidade, algo que preocupa todas as gerações. Só que hoje estamos *muito* preocupados, e Sua Santidade chamou a nossa atenção para esse fato mais uma vez, no que se refere à brutal diferença de renda e à nossa capacidade de fazer algo a esse respeito.

O segundo elemento é mais novo: é o conceito de *sustentabilidade.* No mesmo momento em que conseguimos difundir a economia e a tecnologia por todo o planeta, estamos chegando à conclusão que o curto prazo não funciona, e que temos que assumir mais responsabilidade pelas gerações que virão. É exatamente disso que trata a sustentabilidade, o longo prazo. Era uma qualidade dos antigos alfaiates, e nós a perdemos.

O terceiro é sobre a *participação* dos seres humanos. Todo ser humano tem o direito e o potencial para participar na sociedade. É realmente o que queremos com uma sociedade justa, sustentável e participativa. Trata-se de ter um emprego, é claro. Como também do direito e da oportunidade de ser ativo em outras áreas, inclusive, sim, a contemplação. Assim, o conceito de um mundo mais espiritual, e um mundo em que as pessoas possam participar não diz respeito somente à economia, inclui também harmonia na vida.

Penso que uma sociedade assim, justa, sustentável e participativa, tem apoio da humanidade, dos líderes religiosos e das ONGs. Praticar esses valores pode, também, servir de contrapeso àquele "Triângulo das Bermudas", e é disso que precisamos. Portanto, fiquei muito contente, Sua Santidade, em ler suas entrevistas. Porque mesmo nunca tendo ido ao seu país, e, falando francamente, para mim o senhor é uma pessoa estranha — talvez um santo, talvez um líder —, entretanto, apesar de distante e estranho, mesmo assim, se o senhor me permite dizer, sinto que somos parceiros compartilhando interesses, fazendo coisas juntos.

Sinto-me grato pelo senhor ter vindo nos visitar — muito obrigado!

Geoff Mulgan: Gostaria de solicitar a Sua Santidade que responda às três apresentações que tivemos. Talvez eu possa pedir-lhe que examine uma questão presente nas três, que é: em que situação estamos agora, numa era em que boa ética também significa bons negócios? E em que medida ainda há negociações e escolhas difíceis a fazer no que diz respeito à igualdade, princípios de precaução, e assim por diante? Em outras palavras: até que ponto essas questões são fáceis?

Sua Santidade: Aprendi muitas coisas, sinto-me grato. Isso também me dá um tipo de estímulo. Obrigado.

Em minha visão, ética significa algo que é *certo*, e certo significa algo que é benéfico para nós. Então, qualquer ação — seja nos negócios ou em qualquer atividade humana — feita com esse tipo de propósito, de acordo com uma visão de algo que traga benefício para nós e para o mundo em geral, é ética. É claro que às vezes há contradições. Interesses no curto prazo podem ser nocivos aos de médio ou longo prazos, e estes criam dificuldades para os primeiros. Por outro lado, às vezes, os interesses de curto e longo prazo coincidem. Mas penso que o problema aqui se deve à visão curta, como mencionaram: preocupação demais e exclusivamente com o benefício imediato. E também creio que é problemático focalizar-se em uma área limitada.

Uma das características da abordagem ocidental moderna às questões e problemas é essa tremenda ênfase na clareza e na precisão. No entanto, a dificuldade que surge com essa ênfase na precisão é que a nossa perspectiva se estreita, porque só é possível ser preciso se diminuirmos o foco. Olhar para o mesmo assunto a partir de uma perspectiva mais ampla significa que não podemos exigir o mesmo nível de precisão e clareza. Similarmente, se estendermos a nossa perspectiva até o futuro em longo prazo, haverá menos precisão. Conseqüentemente, algumas das nossas atividades presentes trazem algum benefício, ou ao menos não causam dano, mas com o passar do tempo, mais para a frente, resultam em negatividades.

Porém a aplicação da ética, aqui, traz junto a necessidade de agir de acordo com a realidade. Entretanto, sinto que, às vezes, há uma brecha, uma lacuna entre a realidade e a mentalidade predominante. Penso que a realidade de hoje mudou muito em relação àquela do começo do século vinte, em termos de população, tecnologia, e também quanto ao nível de consumo. E o mundo também está se tornando cada vez menor. Mas a mente tende a ficar para trás, um pouco presa nas maneiras velhas de pensar. Assim, tentamos resolver os problemas, mas por causa dessa brecha nossos esforços freqüentemente não são tão efetivos, ou levam a mais problemas, desnecessários.

Desse modo, o ponto principal que quero ressaltar é que ao falarmos de ética, devemos ter uma compreensão clara do que queremos dizer com essa palavra. Em minha visão, a ética não deve ser vista como pertencente à religião, mas em termos de agir de acordo com a realidade do nosso mundo. Por exemplo, todos os conferencistas anteriores ressaltaram como o mundo dos negócios está mudando em função da realidade moderna, como certas formas de comportamento que eram consideradas aceitáveis no passado não o são mais, e como persistir nessas formas de comportamento é prejudicial até aos interesses financeiros dessas comunidades de negócios. O que isto sugere é que para atuar eticamente temos de agir em resposta à realidade da situação, levando em conta também o longo prazo e a perspectiva mais ampla.

Geoff Mulgan: Gostaria de trazer o primeiro dos nossos debatedores da mesa-redonda, focalizando a questão de como as nossas instituições de negócios ou política, e nossa mentalidade, podem acompanhar a realidade da interdependência.

Henk van Luijk: Sua Santidade, em seus muitos escritos e conferências o senhor trata do princípio da compaixão, aplicando-o às áreas da educação, da lei, da política, da saúde, e mesmo da tecnologia. Mas também e repetidamente, o senhor admite ter alguma dificuldade em aplicá-lo ao domínio econômico. Se me permite parafrasear algumas de suas afirmações, o senhor alerta para o fato de que onde a competição e a busca de lucros é a regra do jogo, não há uma via direta para a compaixão.

Ora, se esta fosse a última palavra, isso implicaria que campos dominantes da atividade humana estão fora da influência da compaixão. Não posso imaginar que deixemos isso assim, e penso que o senhor concorda comigo neste ponto. No entanto, também tenho dúvidas sobre se deveríamos, ou mesmo se poderíamos, voltar-nos para o nível do indivíduo, dizendo que as pessoas envolvidas com o mundo dos negócios também são seres humanos e, como tal, acessíveis aos mecanismos da compaixão. Muitas delas são humanas (pelo menos é o que parece!), mas isso não necessariamente as torna capazes de imbuir, por assim dizer, o seu campo de atuação com a compaixão, campo esse impregnado pelas leis de mercado.

Para comportar-se no mercado de maneira compassiva é necessário ter aliados que o alertem para a necessidade de cumprir com as suas responsabilidades, e que estejam preparados para cooperar em um empreendimento comum. Isso significa que, no mercado, o nome da compaixão é "cooperação", ou "responsabilidade". Somente dessa maneira indireta a compaixão pode tomar forma no domínio da economia. E tenho de admitir que essa conclusão me incomoda um pouco.

Assim, eis a minha dupla questão para Sua Santidade: o senhor concorda que nas relações de mercado a compaixão deve ser primeira e principalmente interpretada como cooperação e responsabilidade, e não simplesmente como um traço pessoal de caráter? E, segunda parte, se é este o caso, na mudança da compaixão para a cooperação e a responsabilidade há alguma perda, para nós, no que se refere ao calor, à profundidade e ao poder da compaixão?

Sua Santidade: Quanto à primeira parte da sua pergunta, penso que o papel da cooperação nos negócios lembra, de fato, aquele da compaixão. É bem parecido à idéia apresentada por um dos presentes sobre como os negócios estão mudando, ao cuidar mais das necessidades dos *stakeholders*, dos seus empregados, etc. Apesar de a principal motivação continuar sendo a de assegurar o próprio sucesso financeiro, no processo somos compelidos a levar em consideração as necessidades e interesses dos *stakeholders* e assim por diante. Quando se traz mais cooperação aos negócios, há lugar para a compaixão.

Por que realmente precisamos da compaixão? Minha resposta é: "porque ela nos traz benefícios". Quanto mais compassiva é a nossa mente, mais felizes nos sentimos. Olhe para as pessoas: se são negativas e nutrem sentimentos de ódio pelos outros, perdem sua própria felicidade, sua paz de espírito, e sofrem! Portanto, este é o meu principal argumento. Sou budista e pratico a compaixão, mas não o faço para agradar ao Buda. E também os meus irmãos e irmãs cristãos não a praticam só para agradar a Deus. Não, é o nosso próprio futuro que está em jogo. Logo, mesmo que nos negócios o principal interesse seja uma empresa de sucesso, você ainda pode cuidar de seus funcionários, bem como dos clientes. Mostre-lhes um sorriso — não um sorriso artificial, mas um sorriso genuíno — e mais clientes virão!

O segundo ponto é uma questão mais filosófica, e eu não sei responder. Preciso pensar mais sobre se reinterpretar a compaixão em um contexto específico em termos de cooperação implica na perda do seu significado essencial e poder. Esta é uma questão filosófica que exige algum tempo e reflexão. Talvez eu tenha de fazer alguma lição de casa sobre isso, pensar a respeito e discutir com mais gente...

Erica Terpstra: Tive o privilégio de passar os dois últimos dias entre as novecentas pessoas presentes ao encontro com Sua Santidade no The Hague, ouvindo os seus empolgantes ensinamentos sobre a compaixão e, bem, a corporificação da compaixão e do amor. Vi jovens e velhos, empresários e desempregados, e foi realmente de aquecer o coração. E pensei:

essa é realmente a inspiração de que precisamos. Perguntei a mim mesma: por que é que neste momento o budismo floresce tanto no Ocidente e em outras partes do mundo? Penso que talvez seja porque estejamos pondo muita ganância materialista e tecnologia demais na nossa vida moderna. Pode ser que, bem no fundo, tenhamos uma intensa necessidade de encontrar um novo equilíbrio entre a vida moderna e a espiritualidade. E, claro, isso não se aplica só aos negócios, mas também à política.

Lembro-me de que, há um par de anos, tive o privilégio de passar uma semana em um monastério budista, meditando e praticando. No dia em que voltei à Holanda, tive de ir a um encontro político em que debatemos o chamado meio-por-cento a mais ou a menos (Sua Santidade, desculpe-me, não consigo explicar isto ao senhor; tratava-se da difícil questão sobre os salários dos trabalhadores sofrerem mudança de meio por cento para mais ou para menos). E imagine — vim direto do monastério e fui para esse encontro, escutando e muito confusa. De repente disse: "Senhor Presidente, sinto falta de alguma *espiritualidade*..." Todos olharam para mim como se dissessem: "Chamem os homens de jaleco branco!"

Hazel Henderson falou dos quatro "C"s, e um deles era a competição. Jermyn Brooks disse que não devemos nos esquecer de que a competição é vital. Pergunto a Sua Santidade: como podemos conciliar a competição e querer ser o melhor com a prática da compaixão, a prática do altruísmo? Se você diz às pessoas envolvidas com a economia: "Bem, você não deveria ser o melhor porque deve abdicar disso em função do ideal de trazer benefícios a todos os seres vivos", não há o perigo de ser visto como um idiota? Por favor, ajude-nos, ensine-nos.

Sua Santidade: Geralmente distingo dois tipos de competição. Um deles é mais negativo: você quer chegar ao topo e, por causa disso, realmente cria obstáculos para os outros. Alternativamente apenas aceitamos que, exatamente como nós, os outros também têm o direito de atingir o topo. Se trabalhamos duro e com muita determinação, tendo essa atitude, não há nada de errado. Também no campo espiritual, no budismo, por exemplo, a aspiração: "Quero tornar-me um Buda", não é egoísta. Isso não é uma questão de querer ser melhor do que os outros são, de modo algum. Ao contrário, para poder servir melhor aos outros, precisamos ter mais habilidade.

Além disso, o desejo de ser o melhor pode ser aplicado a muitas coisas, não apenas obter lucro. Podemos ser o melhor em trazer benefícios para as pessoas. Se uma empresa beneficia mais pessoas do que as suas competidoras, essa é realmente a faceta mais importante de ser a melhor. Se um negócio gera muito lucro, no entanto ganha má fama — isso não é bom! Assim, penso que é importante compreender que os critérios de ser o melhor não são puramente monetários. Sem esse tipo de determinação não há iniciativa nem progresso. No contexto presente, a compaixão também implica no desejo de ajudar, servir, trazer mais benefício para a mais ampla comunidade possível, inclusive para os negócios. Desse modo, penso que querer ser o melhor casa muito bem com a compaixão.

Outro ponto ainda. Se a compaixão significasse sempre dar, qualquer companhia que agisse compassivamente logo iria à falência! Do ponto de vista budista, se queremos ajudar os outros, o que realmente precisamos fazer é *despertar neles o poder* de ficar sobre seus próprios pés, de se sustentar. Não se trata de dar ilimitadamente, sem nenhuma iniciativa por parte daquele que recebe. Portanto, sinto que essa idéia de despertar o poder dos outros por intermédio da nossa ajuda pode ser diretamente relevante também para o mundo dos negócios.

Eckart Wintzen: Sua Santidade, o senhor nos deu excelentes recomendações, que foram direto ao coração — exatamente o lugar onde devem estar. Falou sobre cuidar, compartilhar, sobre a compaixão. Mas, nesta sala, agora, falamos sobre a competição, os negócios e as empresas no

Ocidente. E, de uma maneira ou de outra, parece que o próprio tecido de que são compostas as empresas ocidentais não oferece muito espaço para o cuidado, a caridade ou a compaixão. Quanto a compartilhar com os pobres, bem, aprendemos a fazer isso com os nossos empregados, mais ou menos.

Mas quando se trata de partilhar com outras partes do mundo — o que chamamos normalmente de "negócio de desenvolvimento"[*] — em geral não tem muito que ver com compartilhar; trata-se de desenvolver um mercado. No presente, o nosso dilema maior parece ser o de como compartir com a nossa próxima geração, em particular porque não vemos tão claramente o futuro que se reserva a ela. O senhor falou sobre olhar para a realidade, mas a realidade da geração atual já é um tanto obscura, sem falar na das próximas gerações. E quando as coisas não estão muito claras e não cabem no pensamento presente, temos a tendência de escondê-las ou deixar de prestar atenção nelas. "Oh, o problema não é tão grande quanto você pensa, calma", e assim por diante.

Mas parece, como eu disse, que a economia ocidental é movida pelas forças de *ter* e *obter*, que são completamente diferentes dos valores que o senhor promove. A economia ocidental

---

[*] Em inglês, *development business*. (N. do T.)

do livre comércio gera um ego forte: *eu* quero ter a maior das empresas, *eu* quero que ela seja a mais poderosa, e assim por diante. Ela provoca a ganância: queremos ter *mais* funcionários, *mais* bens, e os acionistas exigem isso tudo. Não gera, de maneira alguma, o compartilhar. As regras do jogo estão erradas na economia ocidental — esse é o nosso problema.

E mesmo que pareça tão difícil mudá-las, como já disse Hazel, temos de tentar fazer alterações que levem a um compartilhamento maior. Precisamos de definições, de uma economia e de impostos diferentes. Estes estão ligados ao compartilhar — mais dinheiro da comunidade para os pobres. Então precisamos, aqui, de regras distintas. E gostei muito do que Ruud Lubbers disse, citando o senhor, Sua Santidade, sobre exigir que as invenções sejam benéficas por pelo menos sete gerações — isso é muito bom! Penso que a maior parte das nossas invenções atuais já nos trazem destruição no ano seguinte, e se não tanto, certamente para a próxima geração. Por exemplo, aprendemos a lidar com a poluição, até certo ponto, mas escondemos o problema que estamos criando para as futuras gerações ao usar como combustível a energia fóssil, que produz imensas quantidades de dióxido de carbono.

Portanto, precisamos de regras diferentes. E penso que talvez o ônus caia sobre nós, ocidentais, no que diz respeito a mudar a política, a vida empresarial e a sociedade. No entanto também precisamos de outra atitude no coração. Precisamos mudar no plano do indivíduo, o homem que está no topo e que é (às vezes!) um ser humano. Aquele que está no topo é sempre o "melhor", mas muitas vezes não da maneira como o senhor define esse termo, já que as regras para subir não são as mesmas. Assim, precisamos de mais decisões que venham do coração, mais decisões tomadas com uma visão real. E acho que todos nós adoramos ouvi-lo compartilhar seus valores conosco, porém precisamos mais disso. Dê-nos mais, gostaria de dizer, para ajudar-nos a mudar e olhar para o futuro.

Sua Santidade: Concordo plenamente que a mudança fundamental tenha de começar no indivíduo. E uma vez que a transformação tenha acontecido em um indivíduo, por mais limitados que sejam os seus efeitos, pelo menos dentro do domínio das atividades dele ou dela, será sentida a influência.

Hans Opschoor: Não há dúvida que um dos grandes desafios está na justiça através das gerações, e, pelo que ouvi agora, pela enésima vez, tenho medo do abismo entre ricos e pobres e do desequilíbrio ecológico. Minha questão tem que ver com a capacidade para lidar com esses desafios. E o nosso capital humano e natural? Como podemos tornar esta globalização, por exemplo, sustentável? Concordo com muitos dos conferencistas: precisamos mesmo de novos mecanismos financeiros, necessitamos verdadeiramente de novos modelos institucionais, e carecemos de fato de novas estruturas econômicas.

Pessoalmente, gostaria de adicionar à lista das instituições mencionadas os acordos comerciais, as regras de investimentos e também os regimes de fluxo de capitais. Também são necessárias mudanças no estilo de vida dos indivíduos e de códigos de conduta ética para as corporações. Mas para mim, antes de tudo e principalmente, precisamos de mais consciência, idéias, conhecimento, *know-how*, vontade política de mudar e participação no desenvolvimento, para torná-lo mais humano e mais sustentável — e que tudo isso tenha a maior expansão e difusão possíveis.

Entretanto, há um problema. É claro que, em termos da educação primária e secundária, estamos nos conscientizando da necessidade de elevar-lhes o nível, bem como de incrementar a alfabetização. Mas a UNESCO nos diz que, no que tange à educação superior e ao treinamento profissional, haverá uma lacuna, na próxima década, entre a necessidade de instituições que ofereçam tal treino e a distribuição das instituições capazes de satisfazer tal necessidade. Haverá — como já está havendo — uma desigualdade cada vez maior no acesso à educação superior e profissional. Isto não só é injusto com as gerações futuras nos países em desenvolvimento, como também aumenta o risco do uso insustentável de recursos deste planeta, com altíssimos custos para a humanidade, bem como para a biodiversidade. Estou muito feliz que o Sr. Lubbers tenha destacado este ponto particular em seu pensamento, Sua Santidade.

A UNESCO faz apelos para que seja tomada uma posição mais forte quanto às considerações éticas na educação. Afinal de contas, é daí que virão a cidadania, a liderança e a capacidade gerencial de amanhã. A educação superior, ou a educação em geral, pode contribuir para governos melhores, para uma sociedade civil mais forte e para empresas com mais responsabilidade social. Assim, quero acrescentar à lista de instrumentos já identificados por este painel o papel da educação.

Deixe-me levantar algumas questões, não tanto a respeito do senhor, Sua Santidade, mas sobre a sociedade mundial. Gostaria de pedir — reduzindo tudo a um só ponto — um aumento quantitativo na capacidade de oferecer treinamento superior nos países em desenvolvimento, a ser facilitado não somente pelos governos desses países, como também por parcerias público-privadas daqui, e pela comunidade internacional. Peço planos mais explícitos e extensivos para investir nessas capacidades, com doadores bilaterais e multilaterais, inclusive o Banco Mundial e bancos regionais, por meio de três instrumentos: construção da capacidade institucional, programas de intercâmbio e a facilitação ampla do acesso a programas de educação à distância baseados nas necessidades reais.

Ruud Lubbers: Sua Santidade, preciso apenas de um minuto para comentar. Primeiro, quero enfatizar o que o senhor disse em relação à definição de ética, sobre o pensamento inclusivo, levando em conta o todo e a perspectiva em longo prazo. Este é, portanto, o primeiro ponto: a necessidade de inclusão. Isto é básico. E se pudermos aplicar esse princípio à educação para compreender o que ela realmente é, já demos o primeiro passo.

Depois, é claro, vem o passo seguinte, que é bem prático. Ao longo da história, todos os povos e nações compreenderam que a educação é vital. A novidade, agora, é que vivemos em um mundo e em uma economia *globais*. Temos de aprender a destinar meios financeiros para a educação e o treinamento profissional no mundo inteiro. Mas não é só um problema de dinheiro, é também uma questão de parceria, como indicou o conferencista. Desse modo, temos de aprender duas coisas: a perceber o todo e o futuro da educação sem nos perdermos nos detalhes da tomada de decisões, e a ver a educação em nível global. Nesse ponto é que a tecnologia de comunicação e de informação oferece uma perspectiva e uma oportunidade. Tornamo-nos "sociedades de e-mail", em que nos conectamos com outras pessoas. Precisamos providenciar recursos para a educação essencial delas, também. Não haverá paz no futuro sem educação global.

Fred Matser: Todos *pensamos*, mas esquecemos tanto o nosso *sentir!* Não nos permitimos mais ser inspirados e criativos uns com os outros, através do tempo e do espaço, com nosso Criador. Uma pequena observação sobre o tema da competição: o tênis já foi um jogo em que se entendia que a meta era fazer algo junto com o outro. Os jogadores batiam e rebatiam a bola para lá e para cá, ambos com a intenção única de mantê-la no jogo. Isso refletia a natureza, o ciclo da vida, a coexistência, a alegria, a criatividade, variação e coisas assim. E o que *nós* fizemos disso? Tornamos esse um jogo competitivo, em que a pessoa que quebrar primeiro o ciclo ganha um ponto!

Penso que isso ilustra algo do qual todos sofremos influência: um sistema de crenças que exige que vençamos às expensas de um perdedor. Entretanto, a realidade no tempo e no espaço é que todos partilhamos o mesmo espaço com outras pessoas, animais, árvores, natureza. Estamos todos juntos, compartilhamos o tempo. Toda a idéia da competição, em meu entender, é uma falácia. Não passa de um mal-entendido da nossa mente. E se pudéssemos desacelerá-la, poderíamos compreender...

Uma última observação: talvez seja uma coisa boa, nos negócios, ir do "ter humano" de volta ao "ser humano".

Sua Santidade: Maravilhoso! Lindo!

Geoff Mulgan: Creio que é no *aikido* que você perde se ferir seu oponente, o que é uma regra muito boa.

Stanislav Menchikov: Nove anos atrás prometi ao Dalai Lama escrever um livro sobre a "economia compassiva" ou "o pensamento econômico da compaixão". Posso contar-lhes que escrevi esse livro, e partes dele já estão publicadas em Moscou como grandes seções do meu livro didático *New Economics* (Novo Pensamento Econômico), esclarecendo o que realmente significa economia compassiva.

Uma vez que discuti a maior parte das proposições desse livro com o Dalai Lama em encontros anteriores, não tenho realmente nenhuma pergunta a fazer a ele. Compreendo a sua posição. Na verdade, creio que em dez anos ele se tornou um economista e tanto! Um economista muito mais desenvolvido do que ele era há dez anos — nota-se um grande progresso. Mas quero dizer uma ou duas coisas e fazer uma sugestão.

Este *Novo Pensamento Econômico* que escrevi está sendo, agora, oficialmente recomendado pelo nosso Ministro da Educação, na Rússia, como leitura obrigatória nos cursos de Economia das universidades do país. Lá, portanto, a economia é ensinada assim. Mas o tipo de pensamento econômico que leciono é bem diferente do modelo neoclássico predominantemente ensinado nas universidades. Dei aulas na *Universidade Erasmus de Rotterdam* por vários anos, antes de me aposentar, e devo dizer que o modelo padrão, neoliberal, é por demais diferente da economia compassiva e, creio, também muito distinto da vida real.

Eckart Wintzen falou sobre as "regras do jogo", mas será que elas realmente prevalecem? Bem, em algumas áreas sim, em outras não. Creio que uma economia que é totalmente baseada na maximização do lucro e na utilidade está realmente em conflito com a natureza humana. Ela não reflete os padrões prevalescentes do comportamento humano. Os seres humanos são parcialmente motivados pelo egoísmo, é claro que são, e até pela ganância. Mas o modelo neoclássico aprendido atualmente nas universidades ensina a ser ganancioso, inspira à maximização do lucro.

Se você olhar em volta com atenção verá que a maior parte das pessoas não se comporta assim, buscando a maximização, mas sim a satisfação: querem satisfazer suas necessidades e isso significa estar equilibrado consigo mesmo, com outras pessoas, com a sociedade, com a civilização e com a natureza. É diferente do que falamos no pensamento econômico. Trata-se de um equilíbrio básico, e ele se reflete na família também. As relações dentro da família se baseiam principalmente no altruísmo e na compaixão. Portanto, na maior parte da nossa vida, somos realmente altruístas e compassivos, porque estamos longe do trabalho, do desejo de estar no topo e assim por diante.

Mas, também nos negócios, os esforços visando atingir o possível, e não o máximo inalcançável, guiam muitos negócios bem-sucedidos e lucrativos — até mesmo nas economias de mercado. Qualquer empresa sabe que o que ela realmente quer é preservar sua fatia do mercado. No entanto, se você olhar isso a fundo, verá que não se trata de uma maximização. Creio que temos de fazer muitos ajustes na maneira como ensinamos os jovens nas universidades, que se preparam para ser empresários, cidadãos e consumidores socialmente responsáveis.

E com isto quero agradecer o Dalai Lama por trazer-me uma visão mais profunda sobre o pensamento econômico e como ensiná-lo.

Wessel Ganzevoort: Nos últimos anos, o mundo ocidental reinventou a palavra "liderança". Ela é, muito freqüentemente, usada como um rótulo aplicado àquilo que no modo antigo de pensar chamávamos de "gerenciamento". Todos sabemos, é claro, que se referir à liderança é falar sobre visão, acerca de futuro, a respeito de propósito — até o propósito da vida ou o da sua empresa. Mas em minha compreensão, a liderança tem muito que ver com *alinhamento*, e alinhamento é mais ou menos reconectar-se, como a palavra "religare" que nos trouxe à religião. É alinhar o comportamento, a personalidade, o ego com a *alma* — acho que ainda não usamos esta palavra hoje — e esta com o divino, Deus, o "além" ou o que seja. A liderança se refere muito a um caminho autêntico de reconectar-se, a conhecer em um nível mais profundo. E eu creio — penso que isto é algo que Eckart Wintzen já disse — que as organizações mundiais e as nações só podem mudar se os líderes individuais tomarem um caminho de reflexão, talvez meditação, contemplação, e seguirem nessa linha de reconexão e alinhamento.

No entanto, temos de fazer isso em um contexto e um ambiente que é, em grande parte, baseado no ego, poder, *status*, competição e dinheiro — um contexto, eu diria, brutal, agressivo e egoísta. Quero dizer que não é fácil seguir esse caminho, e acho que muitos indivíduos que tentam — o caminho do alinhamento e da reconexão —, correm grandes riscos. Não ousamos nos atirar sobre o tigre que criamos juntos, porque temos medo que ele vá nos matar. Desse modo, pensamos: "Que os nossos competidores se lancem primeiro!"

Minha pergunta, então, é: como recompor a confiança — na sociedade, dentro das organizações, e, acima de tudo, no indivíduo de modo que ele possa crescer e desenvolver-se para se tornar um líder autêntico e compassivo?

Geoff Mulgan: Em certo sentido, esta questão é a mesma que se aplica aos governos que perguntam: "Como podemos começar a cortar nossas despesas com armamentos quando todos os outros governos estão gastando ainda mais?" E às pessoas envolvidas com o mundo dos negócios, que perguntam: "Como podemos agir eticamente se nenhum dos nossos competidores o faz?" Como criar a fé e a confiança para que as pessoas ajam de maneira diferente?

Sua Santidade: Não há uma resposta simples. Basicamente, acredito que se você tem uma atitude mais compassiva, acha muito fácil comunicar-se com seus iguais, seres humanos; o mesmo acontece se você é verdadeiro, honesto e aberto. Estas são, creio, as bases da confiança. Se tentamos esconder algo, aventurando-nos a enganar, como pode desenvolver-se a confiança? É muito difícil. Abertura, honestidade, franqueza — estas são as bases para a confiança.

Geoff Mulgan: Temos tempo para apenas três questões do público. Depois, darei a cada um dos participantes da mesa-redonda um minuto para concluir, destacando alguns passos práticos que todos possamos dar.

Pergunta: Sua Santidade, em seus ensinamentos no The Hague o senhor disse que a ganância é uma emoção aflitiva. Em nossa economia ocidental, no entanto, o consumo é encorajado e, por conseqüência, também a ganância. O que Sua Santidade diria aos economistas modernos que propagam a economia do consumo e, portanto, esse sentimento de cobiça?

Sua Santidade: Deveríamos pensar seriamente nas conseqüências ambientais da sociedade consumista. Apesar de os avanços na ciência e na tecnologia nos ajudarem a adaptar-nos até certo ponto a essas conseqüências, em longo prazo teremos de enfrentar as reservas limitadas de recursos e a possibilidade de chegarmos a um ponto em que nem mesmo a ciência poderá nos salvar. Como sociedade, é importante praticar o contentamento, de maneira que a nossa ganância e consumo excessivos não nos dominem constantemente. No nível do indivíduo, é importante compreender que não importa quanto caminhemos na direção de tentar a gratificação da nossa ganância ou desejo, nunca encontraremos a satisfação total. Ao contrário, a satisfação se encontra na adoção das disciplinas interiores de auto-restrição e moderação nas necessidades.

Pergunta: Sua Santidade, na economia global de hoje deixa-se tudo ao sabor de um mercado invisível em que ninguém parece estar no controle. Até mesmo os governos parecem não ter muita influência, e muita gente, bem como algumas nações, são deixadas de lado. Em que os ensinamentos do budismo podem ajudar a redirecionar a economia, de maneira a beneficiar todos os seres sencientes?

Sua Santidade: Isso também é difícil de responder. Algumas pessoas cunharam a expressão "economia budista". Não sei com certeza o que isso significa. É claro que para os budistas, como também para os praticantes de qualquer outra religião, o contentamento é uma prática importante. Mas no que se refere à economia global, não sei. De qualquer modo, como já disse antes, um assunto sério é o abismo entre ricos e pobres, tanto no plano global quanto nacional. Ele cresce cada vez mais.

Alguns anos atrás, alguém me disse que o número de bilionários nos Estados Unidos chegara a quarenta, algo assim. Outro amigo em Chicago contou-me recentemente que esse número, hoje, é de mais de quatrocentos. Esse dado está correto? Vocês sabem algo sobre isso? De qualquer maneira, o número de bilionários nos Estados Unidos está claramente aumentando, enquanto muitos permanecem pobres; em algumas áreas do país até as necessidades básicas são mal atendidas. Podemos ver o contraste entre os muito ricos e os muito pobres até na população de uma cidade grande como Nova York. Isso é muito triste, e não apenas é errado moralmente, como se torna fonte de problemas práticos. Se não estamos atendidos nem mesmo nas necessidades básicas, é muito difícil praticar a compaixão e cuidar do outro.

Assim, temos de tratar dessa desigualdade e penso que, a esse respeito, as idéias socialistas são muito importantes. Lembro-me de uma ocasião, na Índia, em que os membros de uma família rica vieram pedir-me a bênção. "Oh, eu não posso abençoá-los", eu lhes disse, "não tenho nada para dar". A verdadeira bênção, é claro, é um ato interior, não uma questão de dar alguma *coisa*. Eu continuei: "Como família rica, vocês usaram do capitalismo para colher seus lucros; por que não usar o *socialismo* para distribuir esses lucros de maneira a melhorar a saúde e educação dos pobres?" Foi isso que sugeri: fazer dinheiro explorando o capitalismo e gastá-lo aplicando princípios socialistas. Acho isso apropriado. Na verdade, contaram-me nos Estados Unidos que os ricos, no passado, eram miseráveis, enquanto hoje em dia a maior parte deles faz doações para ajudar a educação e outros aspectos dos segmentos desprivilegiados da sociedade.

No plano global, há uma grande lacuna entre as nações industrializadas do Norte e as subdesenvolvidas, do Sul. De acordo com alguns especialistas, é preciso melhorar o padrão de vida dos povos meridionais. Se cada habitante da Índia ou da China adquirisse um carro — seriam dois bilhões de carros! Problemático, não é? Os padrões de vida em geral subirão e, portanto, mais cedo ou mais tarde, o estilo de vida dos povos do Norte terá de mudar para conformar-se a novos imperativos. No Ocidente há uma expectativa profundamente arraigada de que para a economia ser bem-sucedida deve haver crescimento a cada ano. Mais cedo ou mais tarde, você descobrirá que a expansão tem seus limites. Estas questões são muito importantes.

Pergunta: Sua Santidade, tentarei ser tão "jovem e ingênuo" quanto puder. Preciso da sua ajuda. Trabalho no setor de negócios e sou um idealista que quer fazer diferença no mundo, na direção mencionada pelos participantes da mesa.

Vivo e respiro a mentalidade e o ambiente do setor empresarial. Percebo que é necessária uma profunda transformação, de uma magnitude que ultrapassa em muito as energias que tenho para empregar. Então minha pergunta é: poderia o senhor dar alguns conselhos para me ajudar a continuar tentando fazer a diferença?

Sua Santidade: Eu não sei. Pela minha experiência, não importa quão numerosas sejam as dificuldades. Não é relevante o tamanho dos obstáculos. Se a sua crença ou ideal é verdadeiramente bom e benéfico, você deve manter a determinação e um esforço constante. Penso também que se algo é certo e bom para a comunidade maior, então não importa se essa meta se materializa enquanto estou vivo ou não. Mesmo se isso não se materializar enquanto vivemos, temos de continuar trabalhando. A próxima geração nos seguirá e, com o tempo, as coisas podem mudar.

Aqui, penso que o problema principal é que há determinadas tendências, certas ou erradas, que estão profundamente enraizadas na sociedade, ou na mente. Minha impressão é que toda a estrutura social é feita de tal modo que um indivíduo, ou poucos indivíduos, não podem fazer muito para mudar as coisas. Noto, por exemplo, que alguns jovens estudantes universitários da graduação têm, da primeira vez que os vejo, uma mente muito fresca, cheia de idéias, sonhos e entusiasmo. Então, alguns anos depois, quando nos reencontramos, eles já criaram uma nova família e tornaram-se parte da engrenagem, girando e girando, e reclamando enquanto o fazem.

Acho que eles simplesmente começam a perceber que algo *falta*, algo está *errado* e, com essa percepção, pode-se fazer algum tipo de trabalho de base. Penso que, particularmente no campo da educação, precisamos deixar bem claros para a geração mais jovem os valores humanos básicos e a importância de um coração bondoso, enfatizando-os. Então, gradualmente, através da evolução, creio que há a possibilidade de transformação, de mudança.

Desse modo, não tenho a expectativa de que algumas das minhas crenças fundamentais venham a se materializar em meu período de vida. Mas isso não importa. O que interessa é perceber claramente o que está errado e iniciar alguma coisa.

Geoff Mulgan: Gostaria de pedir a outros integrantes da mesa que, muito brevemente, respondam à mesma questão — que passo *prático* você aconselharia ao participante que fez a pergunta?

Hazel Henderson: Duas propostas: primeiro, pedirmos a todos os nossos professores de Ciências Econômicas, em todas as universidades, que ensinem sobre a metade altruísta e não-paga da economia. Escrevi sobre ela nos últimos vinte e cinco anos, e todas as mulheres nesta sala, bem como a maior parte dos homens, sabem tudo a respeito dela.

A segunda coisa que eu diria é: minha visão da competição é que podemos transferi-la para novas áreas. Por exemplo, nos Estados Unidos, a competição agora é para ver quem pode doar mais dinheiro. Será Bill Gates ou Ted Turner? Encorajemos, portanto, esse tipo de competição!

Jermyn Brooks: Certamente não sei a resposta. Mas para os indivíduos que buscam o caminho correto, de influenciar o mundo da maneira certa, deixem-me dizer — a partir do ponto de vista dos negócios — que não peço desculpas por apoiar o conceito do auto-interesse iluminado nas atividades ligadas aos negócios. Acho que é justamente nesse auto-interesse iluminado, em longo prazo e sustentável, que descobriremos que as atividades desenvolvidas por esses negócios são benéficas para todos nós, e não apenas para aqueles que estão envolvidos com elas. Assim, encorajo a pessoa que perguntou a dedicar-se a abraçar esses princípios, seja qual for a medida do seu futuro nos negócios. E na verdade estou bem otimista.

Uma das razões para esse otimismo é precisamente a existência deste encontro. Há poucos anos, a área dos negócios não seria convidada para um evento deste tipo. As coisas, portanto, estão mudando e as pessoas do mundo dos negócios estão se lançando sem constrangimento ao desafio de comportar-se eticamente, muito mais do que o faziam antes. Apenas um pequeno exemplo do desafio educacional levantado por um dos conferencistas: recentemente pediram-nos para falar sobre desenvolvimento sustentável na London Business School, e não foi um convite oficial — foi iniciativa dos alunos. Como conseqüência dessa iniciativa, aquela instituição — só como um exemplo de escola para executivos — criou um programa completo, incluído em sua totalidade no sistema de créditos para o curso de MBA, em que se fala sobre negócios éticos, valor dos *stakeholders* e outras questões que abordamos hoje.

Portanto, penso que estamos criando mudanças. Um indivíduo, e todos nós, indivíduos, podemos fazer diferença, quando acreditamos nessa direção.

Ruud Lubbers: Minha observação é que basicamente as pessoas têm muito medo daquilo que chamamos de "globalização". Elas estão receosas, preocupadas — e estão ficando muito cínicas também. Ao mesmo tempo, Hazel está certa. Às vezes, vemos coisas novas, como pessoas muito ricas que se tornam bênçãos disfarçadas.

Há também iniciativas originais, como os Médicos sem Fronteiras, que já mencionei.

Mas agora quero concluir fazendo uma ligação com o que Sua Santidade disse ao responder uma pergunta sobre a confiança. É realmente importante que as pessoas percebam que as coisas são feitas de boa-fé, verdadeiramente e com dignidade. Pessoalmente, acredito que a política, os negócios e a sociedade civil são todos importantes, mas o mais importante de tudo é que as três áreas implementem princípios de transparência, responsabilidade e integridade. Se a liderança no mundo — sob a forma de ONGs, empresas ou políticos — pode tornar claro ao público que trabalha seguindo padrões de integridade, de maneira aberta, transparente e responsável, talvez esse público, no seu todo, comece a ser menos cínico e sentir-se menos atemorizado a respeito do que acontece hoje.

Percebo que estas são palavras de um antigo político que esteve no negócio da mudança — sim, política trata de mudanças —, porém defendo essa tese. Penso, tendo escutado Sua Santidade, o Dalai Lama, que para praticar a compaixão e relacionar-se com os outros com companheirismo, como pessoas com quem você reparte o seu pão, a condição básica é mudar a atitude, mas também realizar a mudança nas coisas práticas do mundo — não se trata só de belas teorias.

Fiquei muito impressionado quando Sua Santidade explicou que a espiritualidade não está acima das coisas importantes para os seres humanos e a humanidade, mas, justamente ao contrário, ser espiritualizado e ver as coisas incluindo o ponto de vista em longo prazo é exatamente do interesse dos seres humanos. Entretanto, para fazer isso de maneira prática — e, mais uma vez, como ex-político eu tenho algum viés na minha percepção — temos de capitalizar a energia e poder das empresas. Precisamos exigir das nossas sociedades civis que sejam responsáveis e trabalhem de maneira transparente e íntegra. Se conseguirmos isso, podemos superar a brecha para uma abordagem espiritual e inclusiva. E isso, tendo em mente a questão que o nosso amigo anglo-saxão nos colocou, *é* prático.

Geoff Mulgan: Gostaria que Sua Santidade tivesse a última palavra. Mas antes de colocá-lo em cena, quero fazer três comentários muito breves sobre a discussão.

O primeiro é que o fundador da economia moderna, Adam Smith, escreveu *Teoria dos Sentimentos Morais* — sobre a compaixão e a empatia — antes de *A Riqueza das Nações*. Precisamos reintegrar a ética e a economia. Elas se separaram de maneira artificial.

Segundo, os negócios no mundo inteiro estão acumulando mais poder, não apenas porque querem tê-lo, mas freqüentemente como um subproduto da busca por mercados e lucros. No entanto, com esse poder vêm novas responsabilidades.

E terceiro, temos uma nova economia que, além das oportunidades, cria mais desigualdades e divisões. Isto torna obrigatório aos governantes encontrar outras maneiras de incluir as pessoas, e imperativo a nós, indivíduos, exercitar a compaixão. Mas, acima de tudo, é vital que, à proporção que o mundo se torna menor, não diminuamos também a nossa mente, a medida da nossa atenção e nem o nosso senso de responsabilidade. E penso que este evento, bem como muitos de seus ensinamentos, Sua Santidade, são sobre como termos uma visão maior de nós mesmos, de nosso lugar no mundo e no tempo.

Espero que o senhor possa nos dar alguns pensamentos finais para levarmos conosco esta noite, ao chegarmos ao fim destas conversações.

Sua Santidade: Não tenho nada a dizer... exceto: obrigado! Eu realmente gostei. Muito obrigado!

Talvez uma coisa apenas... achei que todos vocês que falaram, simplesmente expressaram o que sentem. Às vezes, nestes encontros, as pessoas fazem alguma declaração interessante, uma fala bonita, mas você fica pensando: será que essa pessoa realmente se sente assim, ou não? Esses discursos não ajudam muito. Neste

Fórum, entretanto, discutimos alguns dos problemas e desafios que temos de enfrentar, coisas que não se resolvem só com belas frases. Precisamos nos comprometer e, então, discutir as coisas de maneira muito séria e sincera. Encontrei esse tipo de atmosfera aqui, e isso me deixa muito feliz. Muito obrigado!

O Dalai Lama
SOBRE CAPITALISMO E RESPONSABILIDADE UNIVERSAL[5]

Não tenho nenhuma grande questão com o capitalismo, desde que seja praticado de maneira humanitária. Mas minhas crenças religiosas colocam-me muito mais na direção do socialismo, que tem mais afinidade com os princípios budistas. Contra isto há o fato de que aqueles países que seguem políticas capitalistas, dentro de um marco democrático, são geralmente muito mais livres do que os que buscaram o ideal comunista. De modo último, sou a favor de um governo humanitário, que tenha como meta servir a toda a comunidade: os jovens, os velhos, os incapacitados, tanto quanto aos membros diretamente produtivos da sociedade.

Mais ainda, como pessoas vivas hoje, devemos considerar a geração futura: um ambiente limpo é um dos direitos humanos, tão importante quanto os demais. É, portanto, parte da nossa responsabilidade com os outros assegurar que o mundo que deixamos seja saudável, se não mais saudável do que aquele que encontramos. Isto não é uma proposta tão difícil quanto pode parecer, porque apesar de haver um limite para o que podemos fazer como indivíduos, não há limite para o que se pode obter por meio de uma resposta universal. Depende de nós, indivíduos, fazer o que pudermos, ainda que seja pouco. Talvez apagar a luz ao sair de um recinto soe como algo que não traz conseqüências importantes, mas isso não significa que nós não devemos fazê-lo.

COMPAIXÃO OU COMPETIÇÃO?
Para uma economia mais humanizada
SANDER TIDEMAN

A prática da compaixão não é um sintoma de um idealismo irrealista, mas a maneira mais eficaz de buscar os interesses dos outros e também os nossos. Quanto mais dependemos dos outros — como nação, como grupo ou como pessoas — mais é do nosso próprio interesse assegurar o seu bem-estar.

Sua Santidade, o Dalai Lama[6]

A maximização do valor agregado aos acionistas e as fusões corporativas são as manchetes econômicas de hoje. Desde a morte do comunismo e a transição dos países socialistas para sua condição de mercados emergentes, parece que ninguém questiona a utilidade da competição em nossas economias. Como conciliamos isto com a necessidade de mais compaixão? Compaixão e competição parecem mutuamente excludentes.

Os organizadores do Fórum, que têm ao mesmo tempo um interesse na espiritualidade e carreiras ativas no mundo dos negócios e das finanças, sentiram que chegara o tempo e a maturidade para fazer uma pausa na corrida pelas últimas manchetes econômicas. A visita do Dalai Lama à Holanda nos ofereceu uma rara oportunidade de refletir sobre questões que normalmente ignoramos ou simplesmente consideramos irrelevantes. Estas, no entanto, continuam não resolvidas, muitas vezes com repercussões dolorosas tanto para a nossa vida pessoal quanto para a sociedade em geral.

Usualmente confinamos nosso interesse pela espiritualidade ao domínio privado da família, dos amigos próximos ou dos círculos religiosos. Não expomos abertamente o nosso respeito por valores inspirados na religião para colegas de trabalho ou do mercado, pois é como se assumíssemos que estes dois campos são intrinsecamente separados ou até mesmo excludentes.

A sociedade contemporânea trata os assuntos religiosos, a espiritualidade e a moralidade como assuntos primordialmente privados, devotando-lhes tempo somente em momentos de crise ou vendo-os como uma questão de cortesia com quem enfrenta uma perda ou um problema inesperados. Parece que todos concordamos que no mundo real – onde sempre há "negócios como de costume"[*] — prevalecem outras normas, que nos dizem que só podemos

---

[*] Em inglês, *business as usual*. (N. do T.)

alcançar a felicidade baseando-nos na riqueza e segurança materiais. Temos medo de que se nos aprofundarmos nas questões da espiritualidade ou da filosofia, isso nos trará uma distração da realidade, absorverá um tempo valioso (já que "tempo é dinheiro"), e nos tornará tão vulneráveis quanto os socialmente proscritos — tudo isso se constituindo em vulnerabilidades na nossa busca pela segurança financeira.

Passamos a ver o único mundo real como um mundo impessoal, "lá fora", do qual devemos, na melhor das hipóteses, extrair ganhos, e na pior, proteger-nos tanto quanto pudermos. Demos a este mundo material um sentido de absoluto: embora aqueles de nós que têm dinheiro, contatos e sorte sejam capazes de manipulá-lo marginalmente, via de regra não nos sentimos aptos para mudá-lo como indivíduos. Isso deixou muitos de nós sentindo-se como vítimas impotentes à mercê de forças além de nosso controle.

No entanto, todas as religiões e ensinamentos espirituais contestam esta noção, que é considerada negativa e não verdadeira. Nós, criados pelo Divino ou por nosso carma, deveríamos ser os senhores de nosso mundo. Cada um e todo o ser senciente pode, por meio da oração, da contemplação e do serviço social, alcançar um estado de realização em harmonia com seu ambiente social. Quando dominarmos as emoções da raiva, medo, desespero e indulgência e cultivarmos a compaixão, a paciência e a sensibilidade, seremos úteis e felizes. O Dalai Lama aponta em especial os valores comuns a todas as religiões do mundo: compaixão, tolerância e perdão. Segundo ele, esses valores não são meras regras abstratas impostas por uma autoridade religiosa, mas antes meios de desenvolver felicidade tanto no plano social quanto no individual. Como disse o Dalai Lama: "já que tudo é interconectado, a virtude é aquilo que traz benefício para nós mesmos e para os outros. A compaixão é auto-interesse iluminado".[7]

Mas isso não é o que aprendemos quando estudamos Economia ou Administração. Falam-nos de valores diferentes, tais como a competição, o consumo e a maximização dos lucros e da riqueza. Como conciliamos isso? Como harmonizamos compaixão com competição? Desapego com consumo? Primeiramente, revisarei os pressupostos por trás da principal corrente do pensamento econômico e os principais indicadores do crescimento econômico. Assumimos que esses indicadores apontam a direção de um bem-estar maior, mas será que é realmente assim? Depois abordaremos os princípios espirituais e os *insights* na ciência moderna. Descobriremos que há um movimento de convergência entre os novos desenvolvimentos no pensamento econômico e as visões antigas ou ancestrais da espiritualidade.

O mundo da economia

Os livros didáticos falam das leis econômicas assumindo que o homem compete naturalmente por recursos materiais escassos ou limitados. Feliz o homem que é capaz de consumir esses recursos e infeliz aquele que não é. A economia clássica nos diz que não faz sentido despender tempo, esforço ou despesas na manutenção de valores, se podemos fazer dinheiro ignorando-os. Os intangíveis não contam.

Lord Keynes, um dos grandes economistas contemporâneos, escreveu em 1930 que o tempo em que todo o mundo seria rico ainda não chegara: *"Por pelo menos outros cem anos devemos fingir para nós mesmos e para todo o mundo que o justo é injusto e que o injusto é justo, pois o injusto é útil e o justo não é. A avareza, a usura e a salvaguarda devem ser nossas divindades por um pouco mais de tempo ainda. Pois só elas podem nos guiar para fora do túnel da necessidade econômica, para a luz do dia"*.[8] No pensamento keynesiano, que teve um grande efeito sobre os economistas durante a maior parte do último século, as considerações éticas não só são irrelevantes, como são verdadeiros estorvos ou obstáculos.

Os pressupostos subjacentes às assim chamadas "leis econômicas" foram desenvolvidos em um tempo em que a religião era separada da ciência, a visão de mundo aceita secularizava-se e o sagrado substituído pela crença na matéria. A teoria econômica foi afetada por grandes descobertas científicas nos campos da Física, Biologia e Psicologia. As leis econômicas eram apresentadas com a mesma autoridade que as leis da natureza. Newton e Descartes descreveram a realidade em termos de um número mais ou menos fixo de "blocos de construção", de "coisas", sujeitas a leis mensuráveis como a gravidade, e inteligentemente montadas, funcionando como uma grande máquina. O mundo da matéria era visto como mera máquina, a ser usada pelo homem, sua razão e seu livre-arbítrio.

Darwin descreveu os seres humanos como uma espécie relativamente inteligente que evoluiu de macacos primitivos motivados pela luxúria e pela agressão (como Freud confirmaria mais tarde, na Psicologia). Nossa inteligência nos ensinou a comportar-nos socialmente, mas somos fundamentalmente seres egoístas sujeitos à lei de "sobrevivência do mais apto".

Quando Adam Smith, em seu famoso livro *A Riqueza das Nações,* introduziu a "mão invisível" do mercado, pela qual as coisas e blocos de construção podem ser eficientemente trocados com base no auto-interesse de cada indivíduo, nós estendemos essas leis ao domínio da Economia. No século XIX, economistas como Malthus e Ricardo acrescentaram a noção de que as economias são sistemas fechados, limitados ou demarcados por quantidades fixas de bens materiais. Não importa quão grandes elas se tornem, permanecem fechadas e, portanto, limitadas. Isto levou a uma importante premissa que subjaz à visão da economia clássica: a escassez é um estado natural. Por isso, acredita-se que é natural também a competição por recursos escassos, ou mesmo a guerra. Esquecemos que Adam Smith escreveu em seu trabalho anterior, *Teoria dos Sentimentos Morais,* que os mercados não poderiam funcionar sem ética e moral. Passamos a acreditar que tudo o que as economias abordam diz respeito apenas à ganância e ao egoísmo.

Em seu livro de referência, *Small is Beautifull* (O Pequeno é Belo), o economista E. F. Schumacher observou que as idéias sobre a competição, seleção natural e sobrevivência do mais apto, que pretendem explicar o processo natural e automático de evolução e desenvolvimento, ainda hoje dominam a mente das pessoas cultas. Schumacher argumenta que:

> *A essas idéias, combinadas com a crença no positivismo, foi erroneamente dada validade universal. Elas simplesmente não se sustentam diante da verificação factual. Mas como elas nos aliviam convenientemente da responsabilidade — afinal, podemos pôr a culpa de*

nosso comportamento imoral nos "instintos" — tais idéias ocuparam um lugar proeminente na consciência do homem moderno.[9]

De fato, nos últimos dois séculos, entronizamos firmemente esses princípios em nossos sistemas legais capitalistas, no âmbito interno e internacional. Por exemplo, as leis internacionais que governam a principal agência multilateral para o comércio internacional, a Organização Mundial do Comércio (OMC), são baseadas no conceito de "vantagem comparativa" de Ricardo. Este conceito refere-se à idéia de que as nações, ao se especializarem, mas mantendo abertas as fronteiras, beneficiar-se-ão da livre competição. Isto surgiu da Europa do século XVII, que inventou as nações-estado para aproveitar melhor as oportunidades proporcionadas pela expansão colonialista.

Da mesma maneira, com a aparição do estado-nação, os sistemas e políticas monetários foram desenvolvidos com base na noção de suprimento escasso de dinheiro, atrelado ao ouro e à prata, cujo valor era controlado pela nação. Quando as igrejas relaxaram suas restrições aos empréstimos com juros (considerados "usura" por muitos séculos)[10], a mensuração artificial de escassez de dinheiro introduziu um elemento oficial de competição entre aqueles que necessitavam de financiamento[11].

Em contrapartida, os que possuíam dinheiro podiam determinar regras de como esses recursos escassos deveriam ser investidos. Essas regras, agora entronizadas em leis corporativas e bancárias (e que formam as bases do que conhecemos como "capitalismo"), favorecem os que possuem riqueza em detrimento dos que não a têm. Esses que "não têm", a vasta maioria, ficaram aprisionados desde então em um ciclo competitivo por recursos escassos. Quando o competidor consegue um monopólio, é punido por leis antitruste, pois a competição tem que continuar. No caso antitruste contra a Microsoft, o juiz decretou que o monopólio da empresa era uma "violência contra o processo competitivo".[12] Em nossa sociedade moderna damos isso como certo, e de fato consideramos a competição tão saudável que ela se tornou um aspecto estrutural de nossa sociedade.

O que medimos

Ao mesmo tempo, desenvolvemos indicadores para medir o bem-estar da nossa sociedade em termos de crescimento econômico. Inspirados pela abordagem matemática das ciências naturais, escolhemos indicadores que medem coisas que podem ser quantificadas, atribuindo-lhes peso monetário. Assim, eles excluem as distinções qualitativas. Porém vimos, nas últimas décadas, que precisamente esses fatores qualitativos são os cruciais para a nossa compreensão das dimensões ecológicas, sociológicas e psicológicas da atividade econômica. Por exemplo, os cálculos econômicos ignoram coisas como a água doce e potável, a limpeza do ar, florestas verdes, modos tradicionais de vida, só para nomear uns poucos — simplesmente porque estes não podem ser quantificados. Essa cegueira parcial do nosso sistema econômico é crescentemente reconhecida como a mais importante força por trás da destruição progressivamente acelerada do meio ambiente global.

A medida mais básica do desempenho econômico de uma nação é chamada de Produto Interno Bruto (PIB), calculado com base em todas as transações comerciais quantificáveis registradas em um dado período. Os governos querem vê-lo crescer a cada ano. No entanto, as estatísticas do PIB são intrinsecamente falhas. Os recursos naturais não são considerados ao se calcular o PIB. Edifícios e fábricas são contabilizados, bem como equipamentos, maquinários, carros e caminhões. Por que as florestas não o são, depois que são transformadas — pelo modo irresponsável como é feito o corte, o transporte e o método de cultivo das toras — em declives estéreis que provocam erosão e deslizamentos?

O dinheiro recebido pela venda das toras de madeira é contabilizado como parte da receita do ano. Mais adiante, as estatísticas nacionais mostrarão que o país se tornou mais rico retificando esses deslizamentos. O dinheiro gasto em motosserras e nos caminhões que transportam as toras entrará na coluna das despesas, na contabilidade do projeto, mas o que for gasto no suposto reflorestamento não. Em lugar algum dos cálculos do PIB desse país haverá um item que mostre a perturbadora realidade de que milhões de árvores foram-se para sempre.

Os cálculos tradicionais do PIB ignoram, além do meio ambiente, a economia informal não-remunerada do cuidar, compartilhar, criar e educar as crianças e jovens, do voluntariado e da ajuda mútua. Essa "Economia Compassiva" informal está oculta das estatísticas dos economistas e, portanto, da vista do público. No entanto, representa algo da ordem de 50% de todo o trabalho produtivo e das trocas em todas as sociedades.[13] Nos países em desenvolvimento esses setores não-financeiros freqüentemente são os predominantes. De fato, o *Relatório de Desenvolvimento Humano* das Nações Unidas de 1995 estimou tal trabalho voluntário e troca cooperativa em 16 trilhões de dólares, que simplesmente não aparecem nas estatísticas do PIB mundial.

A economia clássica sustenta que todos os participantes no mercado entre oferta e demanda têm "informação perfeita" a respeito dos fatos em que baseiam suas escolhas. Este é outro pressuposto que se provou incorreto, especialmente à luz da incapacidade que o comprador tem de verificar a medida da depauperação dos recursos naturais ou da exploração do trabalho causada pelo produto. Nosso sistema econômico atual não só faz suposições irrealistas acerca das informações disponíveis às pessoas reais no mundo real. Ele também assume, incorretamente, que os recursos naturais são "mercadorias gratuitas" e ilimitadas — falha em distinguir entre bens renováveis e não renováveis, equiparando-os com base em valores monetários estabelecidos por um mercado supostamente "informado".

Nosso sistema também falha por não computar todos os custos associados ao que é chamado de consumo. Toda vez que consumimos algo, cria-se algum tipo de desperdício ou refugo, porém geralmente faz-se vista grossa a esses custos, ou eles são externalizados. Por exemplo, não contabilizamos a emissão extra de CO_2 na atmosfera de todo combustível que consumimos em um determinado dia. Uma vez que igualamos aumento de consumo com elevação do "padrão de vida", encorajamos a nós mesmos a produzir mais e mais, e também a gerar mais lixo. Isso levou a uma realidade perturbadora: os países considerados mais ricos são os que produzem mais lixo.

Desprezando o futuro

Nossos padrões de cálculo também contêm pressupostos questionáveis sobre o que é valioso no futuro, em oposição ao presente. Particularmente importante é o fato de que a taxa padrão de dedução que tributa fluxos de caixa resultantes do uso ou desenvolvimento de recursos naturais assume que todos os recursos pertencem inteiramente à geração atual. Como resultado, qualquer valor que possa ter para futuras gerações sofre um pesado desconto, quando comparado ao valor de usá-los agora.

Da mesma forma, descontando-se o valor futuro do dinheiro com base nas taxas de juros, nós aceitamos que o dólar gasto hoje vale mais que o dólar gasto amanhã. Isso não só provocou uma perigosa mentalidade de curto prazo entre os gerentes dos fundos, que controlam um número cada vez maior de investimentos que podem ser transferidos de um país a outro na velocidade da comunicação digital on-line. Estabeleceu também uma força que parece um redemoinho, uma voragem por trás da expansão de nossos mercados financeiros, e que cresceu a tal ponto que as autoridades nacionais não podem mais controlá-los.

Os mercados financeiros, em particular, com o movimento diário de mais de 1,5 trilhões de dólares em mercados estrangeiros de moeda corrente pelo mundo todo, agora estabelecem o ritmo do crescimento e expansão contínuos. O dinheiro deve ser movimentado para fazer mais dinheiro. As recompensas em curto prazo são mais importantes do que investimentos sustentáveis em prazo mais longo. Vemos o aumento no preço das ações como sinônimo de sucesso econômico e, inversamente, uma queda é considerada um fracasso econômico que resulta em desinvestimento imediato.

Isso já trouxe resultados desastrosos, como mostram repetidos *crashes* de mercados emergentes e o recente escândalo da Enron. Muitos puseram a culpa inteiramente na governança corporativa fraca e ineficiente, enquanto poucos reconheceram que o próprio sistema global é o responsável. Deveria ser bastante óbvio, é claro, que a preocupação com o crescimento em um ambiente finito leva ao desastre, mas parece impossível parar o superpetroleiro do capitalismo de curto prazo.

Ao nos concentrarmos em meras estatísticas de indicadores monetários, falhamos em distinguir os aspectos qualitativos do crescimento: saudável ou insalubre, temporário ou sustentável. Não questionamos que tipo de crescimento realmente é necessário, o que é preciso para verdadeiramente melhorar a qualidade de vida.

A partir do reconhecimento desse dilema, e também pela preocupação com o rápido esgotamento dos recursos naturais causado pelo desenvolvimento econômico, surgiu o conceito de "desenvolvimento sustentado". O relatório da Comissão Mundial de Meio Ambiente e Desenvolvimento de 1987, intitulado *Nosso Futuro Comum,* disseminou e popularizou o termo "desenvolvimento sustentável", que é definido como "desenvolvimento que atende as necessidades do presente sem comprometer a capacidade das futuras gerações de atenderem às suas próprias necessidades".[14]

Este conceito tornou-se foco de atuação nacional após a Conferência das Nações Unidas sobre o Meio Ambiente e Desenvolvimento, realizada em 1992 no Rio de Janeiro. Pela Agenda 21 da Rio-92, todos os 175 países signatários comprometem-se a expandir suas estatísticas nacionais incluindo nelas tanto os fatores ambientais quanto o trabalho não remunerado.[15]

Uma década mais tarde, no entanto, poucos desses países foram capazes de cumprir integralmente esses compromissos. Os esforços nacionais da Agenda 21 levaram a debates acadêmicos, ampliaram a consciência pública e trouxeram pequenos ajustes nos balanços e nas regras fiscais, mas não afetaram fundamentalmente o modo como gerimos e mensuramos a economia de nossos países. As agendas de política nacional continuam a ser determinadas pelos interesses de grupos dominados pelo comércio e indústria, e que estão presos a velhos paradigmas. Concomitantemente, o poder das autoridades e das instituições democráticas nacionais foi gradualmente erodido pela globalização da indústria, finanças, tecnologia e informação.

Portanto, não surpreende que o funcionamento das nossas economias deixe muito a desejar. Enquanto uma substancial riqueza é gerada principalmente pela elite minoritária nos países desenvolvidos, a maior parte da população mundial permanece pobre. O abismo entre os ricos e os pobres continua crescendo em todas as sociedades, bem como entre países do mundo. A degradação ambiental parece irreversível. Drogas e novas formas de tráfico de escravos prosperam. A corrupção é generalizada. Os mercados de ações estão se transformando em cassinos globais. A guerra é cada vez mais "econômica", motivada ou pela falta de riqueza ou pela proteção a ela. Mesmo se a economia global prospera, parece ser às expensas do ar, solo, água, da nossa saúde ou do nosso direito de ter um emprego.

Portanto, temos de rever os pressupostos que subjazem a tudo isso. Será que as leis econômicas são realmente incontroláveis? Os ensinamentos espirituais nos dizem que inventamos a realidade; então, da mesma forma, nós mesmos devemos ter inventado a economia. Para melhor ou para pior, a economia e os negócios não funcionam separadamente de nossas decisões, uma vez que sem nós, eles não existiriam. Portanto, se queremos uma economia melhor, temos de olhar profundamente para quem somos e para o modo como vivemos.

Visões ancestrais redescobertas

As tradições espirituais há muito tempo descreveram a realidade em acepções muito diferentes das da teoria econômica tradicional. Enquanto esta se preocupa primordialmente com um fragmento do comportamento humano, a saber, as ações "econômicas" definidas como aquelas que podem ser quantificadas em termos de dinheiro, as primeiras abordam a realidade holisticamente, incorporando todas as ações — e até pensamentos — que constituem e engendram o ser e a sociedade. Enquanto Newton, Descartes e a economia clássica definem o mundo em coisas, em blocos de construção separados, os ensinamentos espirituais assinalam que não há nenhuma *coisa* independente, e que o foco nas coisas fará perder de vista as relações e o contexto todo que as torna possíveis.

Nos manuais de Economia, os seres humanos são consumidores e produtores isolados interagindo com mercados movidos a ganhos monetários. Já nas tradições espirituais, são vistos como parte de um todo maior com o qual se comunicam ao abrir o coração e a mente. A Física moderna dá crédito a esse ponto de vista holístico, postulando que o Universo é feito de padrões unificados de energia. De acordo com um dos epigramas favoritos de Einstein, é o campo que gera o objeto, e não o contrário. Isto é, o sistema inteiro dá origem a coisas específicas e não o inverso. Enquanto na visão cartesiana só podemos conhecer a realidade por intermédio de pequenas partes, Einstein descobriu que para conhecer as coisas, temos de conhecer o todo do qual se originam. Em outras palavras, não somos coisas sólidas, fixas e isoladas, mas muito mais "seres de luz" ou "fluxos de energia", em contínuo inter-relacionamento e mudança. Portanto, parecemos mais como aqueles "intangíveis" — exatamente aquilo que não pode ser mensurado nos modelos econômicos clássicos.

A maioria das estratégias econômicas é criada em torno de coisas materiais tais como a terra, o trabalho e o capital. O que conta é quanto dinheiro possuímos e quantas horas trabalhamos. O ideal para muitos é possuir suficiente terra e capital, de modo a não termos que vender nosso tempo. Essa estratégia, que sem dúvida será reconhecida por muitos de nós nos países desenvolvidos, baseia-se na suposição de que a terra, o trabalho e o capital é tudo que existe; que o mundo real é um sistema fechado.

As tradições espirituais defendem o oposto: reconhecem o divino em cada ser senciente — o potencial para ser inteiro e iluminado. Nossa mente cria e permeia tudo, já que a realidade física está aberta para o espiritual.

O conceito de escassez também foi refutado pelas descobertas modernas. A energia nuclear se baseia no rompimento do sistema aparentemente fechado do átomo, e descobriu-se que o Universo se expande continuamente. Como os limites do espaço exterior, que se expandem de modo ininterrupto, os modernos negócios do ciberespaço e da Internet criaram oportunidades inesperadas e uma nova riqueza. Outro exemplo: embora estejamos legitimamente preocupados por causa da limitada disponibilidade do combustível fóssil do planeta, não há falta de energia em nosso sistema solar. Estamos efetivamente cercados de abundantes fontes de energia: o sol, o vento e, também, o calor, o movimento e o magnetismo da Terra. Mas a maior parte das reservas de energia renovável está indisponível não por sua inexistência, mas porque não temos o *know-how* para aproveitá-la.

Na economia da Internet, as chaves não são as posses materiais, porém a perícia e a criatividade — o domínio da mente. Como muitas das novas companhias de comércio eletrônico sabem, uma empresa não pode "possuir" o conhecimento que existe na cabeça dos seus funcionários. Pesquisas mostram que as estratégias de negócios mais bem-sucedidas se concentram menos nas coisas e mais em como administrá-las. Em geral, aceita-se que toda inovação técnica e social se baseia naquilo que agora se denomina "capital intelectual". E, diferentemente do capital convencional, esse capital intelectual não tem limites de ordem física.

O que então tudo isso nos diz? Primeiro, que é incorreto o conceito tradicional de que somos seres competitivos em busca de recursos materiais escassos. Além disso, valores intangíveis são igualmente importantes para nosso bem-estar; estes estão guardados na mente, livres de restrições físicas e, portanto, são potencialmente ilimitados. Finalmente, a felicidade não é apenas determinada pelo que temos, por quanto consumimos, mas também pelo que sabemos, como lidamos com esse conhecimento e pela nossa criatividade. Em última instância, o que a determina é aquilo que somos — portanto, não somos felizes por ter, mas por ser. Afinal de contas, somos *seres* humanos.

Natureza humana e motivação

No entanto, que tipo de seres somos? Altruístas ou egoístas? Compassivos ou competitivos? Modestos ou gananciosos? Estas são questões importantes, a respeito das quais a teoria econômica e as tradições espirituais sustentam visões diferentes.

Os economistas aceitam os princípios do individualismo egoísta: quanto mais o indivíduo consome, tanto melhor ele estará. Obtém-se o crescimento econômico quando os indivíduos consomem mais e mais, de modo a impulsionar a demanda e a produção. Isso não deixa nenhum espaço para o altruísmo, que sujeitaria o indivíduo a custos que não lhe trariam nenhum benefício próprio concebível. Esta abordagem reduz o significado da cooperação a um mero acordo mútuo entre indivíduos: os sacrifícios individuais em prol da comunidade podem ser vistos apenas como apólices de seguros, já que garantem ao indivíduo a ajuda futura da comunidade.

Podemos compreender a necessidade de compaixão por causa da dependência mútua no mundo cada vez menor e mais interconectado. Porém, as tradições espirituais apontam para outra dimensão da compaixão, mais profunda e pessoal. Aconselham-nos a fazer do altruísmo o centro de nossa prática, não só porque é a apólice de seguros mais barata e mais efetiva para nosso futuro, mas especificamente porque o benefício *real* da compaixão é que esta produzirá uma transformação na mente do praticante. Ela nos fará felizes.

Como pode se fazer isso se a nossa verdadeira natureza é egoísta? A compaixão só poderá funcionar se a nossa natureza for aberta a uma atitude altruísta, se, de alguma forma, a compaixão estiver em harmonia com nossa essência, de modo que possamos realmente *gostar* de ser compassivos. Se nós somos inerentemente egoístas, qualquer tentativa de desenvolver uma atitude compassiva malogrará.

A maioria das religiões afirma que a natureza humana é boa. Podemos dizer que nossa espécie é boa[*]. A filosofia oriental explica que não há um "self" real independentemente existente que seja bom ou mau. Nossos motivos egoístas baseiam-se na crença ilusória de um "self" independente, separando-nos dos outros. Realmente temos traços egoístas que podem até nos dominar, mas eles podem ser removidos pela prática. E já que nós somos tão interconectados ao mundo, e como não existe um "self" desconectado, a prática da compaixão é a mais eficaz.

Várias disciplinas científicas modernas, tais como a Biologia[**], a Psicologia e as ciências médicas começaram a estudar os efeitos da empa-

---

[*] Em inglês: *our kind is kind* (literalmente "nossa espécie é boa") refere-se a *mankind* (humanidade) – é um jogo de palavras com efeito gráfico e sonoro que em português não existe. Tem efeito como se disséssemos em português algo como "nossa espécie causa espécie". (N. do T.)
[**] Ver *A Árvore do Conhecimento – as bases biológicas da compreensão humana* (Palas Athena Editora), por exemplo. (N. do T.)

tia sobre a mente, o corpo, a saúde e os relacionamentos humanos. Não surpreende que elas tenham verificado que a compaixão é de tremenda ajuda para nosso bem-estar. Uma disposição de espírito compassiva tem um efeito positivo sobre nossa saúde física e mental, bem como sobre nossa vida social, enquanto já se descobriu que a falta de empatia causa ou agrava sérios distúrbios sociais, psicológicos e até mesmo físicos.[16] Em áreas como saúde e educação, verificou-se que o altruísmo é mais eficiente do que a troca mercantil.[17]

O modelo econômico clássico assume uma visão similar e míope de que as pessoas são naturalmente motivadas pela maximização dos lucros e da utilidade. Como observa o economista Stanislav Menchikov:

> *O modelo padrão, neoclássico, está atualmente em conflito com a natureza humana. Ele não expressa os padrões prevalescentes do comportamento humano. [...] Se você observar com cuidado ao seu redor, verá que a maior parte das pessoas não é realmente composta por "maximizadores", mas por aquilo que poderíamos chamar de "satisfatores"*[(*)]*, pessoas que buscam satisfazer as suas necessidades, o que significa estar em equilíbrio*

[(*)] Em inglês, *maximizers* e *satisfyers*. (N. do T.)

consigo mesmas, com os outros, com a sociedade e com a natureza. Isto se reflete nas famílias, com quem as pessoas despendem muito do seu tempo, e cujas relações se baseiam fundamentalmente no altruísmo e na compaixão. Portanto, na maior parte da nossa vida, somos de fato compassivos.[18]

Logo, a compaixão é algo que definitivamente *podemos* e *precisamos* desenvolver. Mas que significado tem isso para a nossa economia? Primeiramente, devemos reconhecer que embora a compaixão seja um estado mental desejável, pode muito bem ser que também reste um papel para as práticas competitivas. Como diz o Dalai Lama, a competição pode ser benéfica se nos encorajar a ser os melhores no serviço aos outros.[19] Os monges budistas, para quem a compaixão é a essência da prática, conhecem muitos eventos competitivos, inclusive acalorados debates públicos que ajudam a aguçar a mente. Assim, enquanto a compaixão é o fator motivacional, a competição pode ser um meio para alcançar o objetivo.

Fé no mercado

Enquanto a religião aceita o uso da competição, no pensamento econômico contemporâneo a competição tornou-se como uma religião. Particularmente desde os anos 80, com a derrocada do comunismo e o fascínio promissor da globalização, passamos a ver o processo competitivo do mercado como sagrado. Os organismos que regem atualmente a nossa economia global, o G7 (os países industrializados do mundo), o FMI e o Banco Mundial (conhecidos em conjunto como o "Consenso de Washington") prescrevem ao mundo uma receita de privatização, descentralização e reforma de mercado neoclássicas, assumindo que os nossos interesses comuns são mais bem servidos pela mão invisível do mercado.

Os críticos desse credo são geralmente silenciados por argumentos poderosos. Dizem-lhes que a interferência governamental nos mercados só trará mais burocracia ineficiente e perdulária nos governos. Alegam que a história mostrou que a abordagem libertária, ou *laissez-faire*, permitirá aos mercados aumentar a riqueza, promover inovação e otimizar a produção — e, ao mesmo tempo, regular-se inequivocamente. O fato de que os humanos persistem em se comportar de modo "irracional e não de acordo com as leis econômicas", segundo o modelo de mercado, está longe de invalidar esse modelo; dizem eles: que nós simplesmente ainda não aprendemos a apreciar os benefícios da competição. Alguns economistas tentando contabilizar compromissos religiosos "irracionais", tais como doações voluntárias e abstenção de consumo, chegaram até mesmo a introduzir um novo fator econômico: o "consumo no pós-vida"[20].

Porém este não é um simples debate sobre governo *versus* mercados. Como foi mencionado anteriormente, acredito que seja a respeito de assuntos espirituais mais profundos. O pensamento econômico é principalmente dirigido a criar sistemas que providenciem e organizem matéria para um nível ótimo de consumo. Tal pensamento assume que os principais impulsos humanos são os de competir e consumir, e afasta os assuntos espirituais e morais porque esses envolveriam uma avaliação qualitativa sobre valores e outros intangíveis — o que iria além de suas premissas iniciais. Mas ao assumirem que quanto mais consumimos mais felizes somos, os economistas negligenciaram o funcionamento complexo da mente humana.

Robert Kuttner assinala em seu livro *Everything for Sale* (Tudo à Venda):

> *A crença no mercado livre, entronizada na política pela vitória de Ronald Reagan em 1980, e pelo apelo altissonante por uma menor interferência governamental na vida das pessoas, não diminuiu até hoje. As vozes dissidentes têm sido abafadas por uma torrente de argumentos circulares e modelos matemá-*

ticos complexos, que ignoram as condições do mundo real e desprezam valores e ocupações que não podem ser facilmente transformadas em mercadoria. Acontece que esses valores e ocupações são os que a maioria de nós considera essencialmente integrantes de nossa identidade: justiça, liberdade, respeito, lazer, família, caridade e amor.[21]

Na raiz dessa crença no mercado jaz um conceito errôneo crucial. Isto é, nós não compreendemos realmente o que nos faz felizes. A fé irrefletida na economia levou-nos a acreditar que o mercado iria nos trazer todas as coisas que queremos. Apegamo-nos à idéia de que o contentamento se obtém por meio dos sentidos, por experiências sensoriais advindas do consumo de bens materiais. Isso alimenta uma emoção de desejo sensual. Ao mesmo tempo, somos levados a crer que os outros são competidores que estão ansiando pelos mesmos recursos limitados que nós. Daí, vivenciamos o medo, o receio de perder, o temor de que o nosso desejo não seja satisfeito.

Deste modo, podemos observar que a máquina inteira de expansão do capitalismo é abastecida por duas emoções muito fortes: desejo e medo. Elas são tão fortes que parecem aspectos permanentes da nossa condição. No entanto, a sabedoria antiga e a psicologia moderna nos ensinam que a felicidade é uma experiência interna, disponível para todos, independente da riqueza ou da pobreza. Fundamentalmente não nos falta nada. Podemos experienciar completude e contentamento desenvolvendo a mente, as nossas qualidades internas. E se compartilharmos com os outros, descobriremos que não estamos cercados por competidores. Os outros dependem de nós, como nós deles.

Na direção de um novo paradigma: economia humanizada

Essa maré parece estar mudando. Está em curso uma revisão de velhos pressupostos a fim de explicar a persistente tensão entre a teoria e a prática econômicas. Como resultado, os intangíveis, como valores e outros impulsos humanos mais "nobres", adentram-se gradualmente na esfera de ação dos principais pensadores, incluindo economistas, historiadores, cientistas sociais, homens de negócios e banqueiros.

Douglass North, economista ganhador do Prêmio Nobel, diz:

> *A teoria empregada, baseada no pressuposto da escassez e, portanto, da competição, não está à altura da tarefa. Simplificando, o que tem faltado [na teoria econômica] é uma com-*

preensão acerca da natureza da coordenação e cooperação humanas.[22]

O conceito de cooperação, que pode ser visto como uma extensão natural de conceitos religiosos como a compaixão, tornou-se uma área em que há cada vez mais pesquisas econômicas, conhecida como economia institucional.

Peter Senge, em seu *best-seller* *A Quinta Disciplina*, extrai das ciências modernas, valores espirituais e psicologia subsídios para colocar os módulos de organização e gerenciamento sob um foco radicalmente diferente.[23] Uma corporação bem-sucedida é aquela que pode estimular as pessoas a se comprometerem a aprender, crescer e compartilhar, em todos os níveis da empresa; um organismo que cresce, aprende e vive continuamente.

De modo similar, a pesquisa social e psicológica sobre Inteligência Emocional, iniciada pelo psicólogo de Harvard, Daniel Goleman, mostrou que o sucesso nos negócios depende de quão bem conseguirmos cooperar com os outros.[24] Demonstrar respeito, simpatia e compreensão com os outros é necessário para progredir na carreira. Muitas corporações começaram a avaliar e treinar suas equipes de acordo com os indicadores de Inteligência Emocional, conhecidos como Coeficiente Emocional. A partir daí, é só um pequeno passo para a prática da compaixão.

O Prêmio Nobel em Ciência Econômica de 1998 foi concedido a Amartya Sen, que define o desenvolvimento econômico em termos de liberdade, estar livre de necessidades básicas como a educação e a saúde. Ele observou que enquanto o mundo contemporâneo negar liberdades essenciais para a maioria da população mundial, é inútil planejar o desenvolvimento econômico. Ao fazê-lo, ele reintegrou a dimensão ética à discussão sobre o desenvolvimento. Sen escreve em *Desenvolvimento como Liberdade:*

> *Junto com o trabalho dos mercados, uma série de instituições sociais contribui para o processo de desenvolvimento precisamente mediante seus esforços no sentido de aumentar e sustentar as liberdades individuais. A formação de valores e de ética social é, também, parte do processo de desenvolvimento que precisa de atenção.*[25]

Em sua revisão de dois milênios de história econômica, no *best-seller A Riqueza e a Pobreza das Nações,* David Landes conclui: "Se aprendemos algo da história do desenvolvimento econômico, foi que a cultura faz toda a diferença".[26] Só porque os mercados fazem sinalizações, não significa que as pessoas respondam bem, ou oportunamente. Algumas pessoas fazem isso melhor que outras, dependendo da cultura a que pertencem, e cultura nada mais é do que incorporação de valores.

Até mesmo George Soros, especulador nascido na Hungria e que fez fortuna com o capitalismo de livre mercado, agora advoga apaixonadamente por uma face mais social do capitalismo. Em seu *Sociedade Aberta; Reformando o Capitalismo Global* [27], ele declara:

> *A teoria econômica pressupõe que cada participante é um centro de lucro determinado a maximizar lucros, excluindo toda e qualquer consideração. Mas outros valores devem permanecer no trabalho para manter a sociedade — e de fato a vida humana. Eu afirmo que no presente momento os valores de mercado assumiram uma importância que vai muito além de qualquer coisa apropriada e sustentável. Os mercados não são projetados para cuidar do interesse comum.*

Os valores também passam por uma revitalização no mundo dos negócios. Alguns começaram a enfatizá-los como parte da criação de uma "identidade corporativa". Isso é motivado principalmente pela necessidade de distinguir empresas no mercado, que crescem e se parecem cada vez mais umas com as outras, e dar às suas equipes crescentemente mais movediças e desleais um sentido de pertinência. A pesquisa social mostra que o desempenho da empresa é atribuído em pelo menos 30% à cultura corporativa, o clima no local de trabalho, uma proporção grande demais para ser ignorada.[28]

O reconhecimento de que a cultura corporativa importa também levou ao surgimento de uma literatura inspirada na religiosidade e que nos fala de formas mais esclarecidas ou iluminadas de gerenciamento, que se concentram na criação de um ambiente de trabalho mais feliz, em vez de apenas fomentar lucros e manter as estruturas de controle. Um número cada vez maior de empresas toma medidas para mostrar responsabilidade social em resposta aos *lobbies* do consumidor. Algumas empresas agora publicam informação baseada em relatórios *triple bottom line*, isto é, que informam não só sobre o desempenho financeiro, mas também sobre conformidade e adequação aos padrões ambientais e sociais.

Estamos nos dirigindo para um novo paradigma econômico, que não se baseia na maximização da propriedade e dos lucros, nem nas estatísticas abstratas como o PIB, mas que se preocupa em obter criatividade e conhecimento, e melhorar a nossa qualidade de vida e o futuro das crianças. Os economistas estão ocupados em desenvolver modelos que expliquem e levem em conta os fatores intangíveis que impulsionam a economia baseada na informação, tais como o *know-how* e outros capitais humanos, assim como os custos sociais e ambientais do desenvolvimento, como a poluição e degradação do ar, da água, das florestas e outros assim chamados "bens naturais" ou "bens livres"[*].[29]

Hazel Henderson abriu nossos olhos para a "Economia Compassiva", informal e não-remunerada, que permanece escondida das estatísticas do PIB, ao desenvolver os *Indicadores de Qualidade de Vida Calvert-Henderson*.[30] De todos os novos índices econômicos, este é o que mais se aproxima da mensuração de valores como a compaixão, por incorporar valores culturais (por exemplo, como um meio de medir a segurança) e atividades de recreação, inclusive práticas de auto-aperfeiçoamento e a participação em grupos sociais e religiosos.

Competição compassiva?

Em última análise, jamais conseguiremos captar a compaixão de maneira eficaz por qualquer indicador. Nossa própria experiência individual nos dirá se alguém se importa ou não conosco. Nós sentiremos a diferença entre trabalhar em um sistema baseado na competição ou em um ambiente que permite uma cooperação próxima. Se tratarmos uns aos outros como competi-

---

[*] Em inglês, *free goods*. (N. do T.)

dores, teremos como resultado a desconfiança e o isolamento, enquanto um ambiente de compaixão e cuidado mútuo criará naturalmente um livre intercâmbio e bem-estar mútuo.

Talvez isso nos ajude a entender os sentimentos daqueles que se opõem à expansão da globalização e do livre comércio tão obviamente impulsionados pela competição e pelo consumo. Particularmente em certas sociedades pré-industrializadas, onde as estruturas comunitárias de cuidado mútuo permaneceram intactas, há fortes sentimentos contrários à abertura para os mercados globais. Essas comunidades não apenas se sentem fisicamente inadequadas para competir com empresas multinacionais e mercados de capitais "globais" — embora distantes; elas também temem, de modo profundo, que as forças da globalização e do consumismo possam erodir os seus valores comunitários tradicionais, baseados em sistemas de apoio mútuo.

Se isso ocorrer, podem perder mais do que os valores culturais; podem perder o seu próprio sentido de pertença. Tais comunidades se expressam em protestos contra símbolos do livre comércio, como a Organização Mundial do Comércio e o FMI, ou sob a forma do fundamentalismo religioso, comparando, por exemplo, o Ocidente com Satã e o terrorismo.

Isso demonstra claramente que há limites para a competição desenfreada. Ainda assim, enquanto dermos muito valor à liberdade e às oportunidades que a economia de mercado proporciona, teremos de encontrar um meio de conviver com a competição. Competir é algo tão intensamente valorizado em nossas economias capitalistas porque provou ser o incentivo mais eficaz para tirarmos o máximo de nós mesmos. Esta é a razão pela qual o capitalismo "derrotou" o comunismo. Porém, a competição sem uma dimensão moral é como um elefante enfurecido — destruirá a própria terra da qual depende. Ao mesmo tempo, a falência do marxismo nos mostrou que valores como a compaixão ou a cooperação não podem ser mais do que uma orientação norteadora, tanto para a conduta individual quanto grupal. Esses valores não podem ser traduzidos em sistemas ideológicos e impostos sobre nós à força.

Em resumo, devemos buscar princípios para reinventar o que é conhecido por "economia mista", a idéia de que as forças do mercado podem fazer bem várias coisas — mas não tudo. Isso irá requerer que o governo e todos os atores assumam a responsabilidade por suas vidas e comecem a definir objetivos econômicos em termos mais humanos. O princípio neoclássico do *laissez-faire* criou erroneamente uma mentalidade de dar as coisas como certas, e nós ficamos escravizados pelo mercado e seus valores monetários. A alternativa não é voltar a um planejamento centralizado e rígido, mas antes promover o desenvolvimento de modelos econômicos alternativos em sintonia com a natureza humana e adequados às condições de nossa própria sociedade, porém alinhados com o mundo mais amplo. Enquanto isso, o melhor que podemos fazer é aprender a competir compassivamente.

O Dalai Lama
SOBRE OS VERDADEIROS PROPÓSITOS DA RIQUEZA[31]

Não devemos nos esquecer dos nossos verdadeiros propósitos. Deixem-me dar um exemplo baseado em meu lar em Dharamsala. Se eu pensar que o dinheiro é de fundamental importância para se obter felicidade, posso derrubar todas as árvores do meu jardim e assim conseguir uns poucos milhares de rúpias. No entanto, por meio desse ato, estarei em última análise criando sofrimento para mim mesmo. Se todas as árvores ali forem derrubadas, então terei de vender minhas mesas para conseguir dinheiro. Ao final, isto trará desgraça para mim mesmo. Na realidade, lucrar com essas coisas materiais destruirá completamente meu propósito original: a busca da felicidade. Da mesma forma, economias unilaterais e de mentalidade estreita logo esgotam todos os nossos recursos naturais. Nossa terra torna-se poluída, nossa água, contaminada.

Mas no mundo da economia, quem se importa com a terra? O que é a água para os economistas autocentrados e para os negociantes? Sua ganância e visão curta estão causando mudanças em nossa atmosfera, fazendo-nos todos sofrer. Essas são as conseqüências negativas da busca desmedida pela riqueza.

Agora, no nível individual, o propósito mesmo de fazer dinheiro é satisfazer as nossas necessidades. Às vezes é só pelo alívio de poder dizer: "Tenho muito dinheiro". É verdade que as pessoas pobres estão sempre repletas de ansiedade. Poder-se-ia pensar que uma vez tendo muito dinheiro, as pessoas estariam satisfeitas com sua riqueza. No entanto, os milionários freqüentemente querem mais e mais riqueza. Eles nunca alcançam uma satisfação genuína.

O Dalai Lama
SOBRE A NATUREZA HUMANA[32]

Penso que temos de ir mais fundo na natureza humana, e que nos alienamos de nossa natureza humana genuína. Quando refletimos sobre bombas de nêutrons e outras coisas como essa, nossa natureza instintiva reage. Mas no que diz respeito à economia, temos um dilema duplo: os perigos potenciais de uma economia não-altruísta são imperceptíveis a curto prazo, e nossos desejos míopes tendem a sobrepujar as mensagens da natureza humana essencial.

A natureza humana é profundamente sensível. Proponho que todas as nossas atividades, especialmente a economia e as operações de guerra, sejam conduzidas com uma abordagem humana mais natural. Nos dias de hoje estamos bastante inconscientes de nossa verdadeira natureza humana — nossa inteligência é tão poderosa que nubla essa disposição inata, compassiva e orgânica.

COLABORARAM NESTE FÓRUM

PALESTRANTES

O DALAI LAMA

Sua Santidade, o XIV Dalai Lama, Tenzin Gyatso, é o líder espiritual do povo tibetano. Em 1959, poucos anos após a invasão chinesa do Tibete, ele foi forçado a fugir de sua terra natal e buscar asilo na vizinha Índia, onde vive desde então. Em 1989, foi-lhe conferido o Prêmio Nobel da Paz, em reconhecimento por sua luta não-violenta pela liberação do Tibete. Para os tibetanos, Sua Santidade é o símbolo de tudo o que se refere ao seu país: a beleza da terra, a limpeza dos rios e lagos, a limpidez do ar, a firmeza das montanhas e o poder do povo. O Dalai Lama descreve a si mesmo como um simples monge budista. Sua simplicidade e amizade comovem a todos que o encontram em suas conferências e viagens pelo mundo inteiro. Sua mensagem enfoca a importância do amor, da compaixão e do perdão. Essa mensagem de sabedoria universal e de responsabilidade em relação a tudo o que vive é traduzida por Sua Santidade em práticas de cooperação inter-religiosa e de conduta responsável nos negócios, no governo e em outras esferas de atividade da vida.

JERMYN BROOKS
Sócio de Gerenciamento Global da Price WaterhouseCoopers, de 1998 a 2000; diretor executivo da Transparência Internacional. Associou-se à Price Waterhouse em 1962, após graduar-se em Oxford e passar um ano na Universidade Livre de Berlim. Alçou-se ao cargo de presidente da Price Waterhouse Europa em 1993, após desempenhar com sucesso vários outros cargos na Alemanha, Irã, Turquia e Alemanha Oriental. Exerceu papel-chave na fusão entre a Price Waterhouse e a Coopers & Lybrand, que resultou na Price WaterhouseCoopers, a maior empresa de serviços profissionais do mundo.

HAZEL HENDERSON
Futuróloga independente, autora de *Construindo um mundo onde todos ganhem* e cinco outros livros, colunista de agências internacionais de notícias e consultora em desenvolvimento sustentável. Seus editoriais são veiculados pela InterPress Service para cerca de 400 jornais em 27 idiomas. Publicou artigos em mais de 250 periódicos. Seus livros foram traduzidos em oito idiomas. Ela é membro do conselho do World Watch Institute e serve em conselhos consulti-

vos em muitos *think tanks*⁽*⁾ do pensamento econômico progressista e instituições financeiras socialmente responsáveis.

RUUD LUBBERS

Alto Comissário para Refugiados das Nações Unidas. Ministro Honorário de Estado e ex-Primeiro Ministro da Holanda (1982-1994). Ruud Lubbers foi também professor de Globalização na Universidade Católica de Brabant, em Tilburg; professor-visitante da Escola de Governo John F. Kennedy, na Universidade de Harvard; presidente do Conselho Governamental da Holanda para assuntos internacionais; Presidente do Fundo Mundial para a Natureza e vários outros cargos políticos e econômicos.

MODERADOR

GEOFF MULGAN

Fundador do Demos, um dos mais influentes *think tanks* britânicos, e a principal vertente intelectual do governo de Tony Blair; autor de seis livros, e professor-visitante da Universidade de Westminster. Antes de seu cargo atual como conselheiro do Primeiro-ministro Tony Blair, Geoff ganhou uma bolsa de estudos no Massachusetts

⁽*⁾ Incubadoras ou celeiros de pensamento. (N. do T.)

Institute of Technology, lecionou na Universidade de Londres, trabalhou na administração pública da cidade de Londres e organizou turnês de concertos com bandas de rock e comediantes em prol dos trabalhadores.

EDITOR

SANDER TIDEMAN
Consultor de Desenvolvimento; ex-vice-presidente do ABN AMRO Bank, com cargos na China, Hong-Kong e Taiwan; graduado em direito econômico internacional pelas Universidades de Ultrecht e de Londres. Fundador e diretor de várias iniciativas de desenvolvimento sustentável na Ásia; co-fundador do Fórum Compaixão ou Competição; co-fundador e co-diretor do *Spirit in Business*.

OUTROS COLABORADORES

WESSEL GANZEVOORT
Professor de Economia da Universidade de Amsterdã; ex-diretor executivo da KPMG Management Consulting; diretor da KPMG Inspire Foundation.

HENK VAN LUIJK
Professor de Ética nos Negócios da Universidade de Nijenrode; fundador da European Business

Ethics Network; consultor acadêmico do European Institute of Business Ethics.

FRED MATSER

Presidente da Fred Foundation; diretor da SOFAM beheer[*] BV; humanista e iniciador de projetos inspiradores para criar uma sociedade mais funcional.

STANISLAV MENCHIKOV

Economista; autor de *The Compassionate Economy* (A economia compassiva); professor de Economia na Universidade Erasmus de Rotterdam.

HANS OPSCHOOR

Reitor do Institute of Social Studies, The Hague, um dos institutos educacionais europeus de vanguarda para os tomadores de decisões de países em desenvolvimento; autor; economista.

MARCELLO PALAZZI

Presidente fundador da Progressio Foundation, catalizador, articulador, promotor e divulgador de eventos *do-tank*[**]; iniciativas cívicas e atividades de aprendizagem. Co-fundador do Fórum Compaixão ou Competição; co-fundador e co-diretor do *Spirit in Business*.

---

[*] *Beheer* – palavra holandesa que significa "gestor". (N. do T.)
[**] Incubação de ações. (N. do T.)

ERICA TERPSTRA
Ex-atleta olímpica; membro do Parlamento da Holanda; ex-ministra dos Esportes, Saúde e Bem-Estar Social (1994-1998).

ECKART WINTZEN
Presidente fundador da Ex'tent BV, corporação de negócios social e ambientalmente responsáveis; fundador e ex-CEO e diretor da Origin.

NOTAS

1. Extraído de *Does Globalization Help the Poor?*, Fórum Internacional sobre a Globalização, 2001.
2. De "Entrevista com o Dalai Lama", por Robert Thurman, na *Rolling Stone Magazine*, s.l., junho, 2001.
3. De *Imagine All the People: A Conversation with the Dalai Lama on Money, Politics and Life as it Could Be,* por Sua Santidade, o Dalai Lama e Fabien Ouaki, Wisdom, 1999.
4. Ver nota 3.
5. De *Freedom in Exile, The Autobiography of the Dalai Lama*, Hodder & Stoughton, London, 1999.
6. Ver nota 3.
7. Ver nota 3.
8. Citado em *Small is Beautiful, Economics as if People Mattered*, por E. F. Schumacher, Harper Perennial, s.l., 1989.
9. Ver nota 3.
10. Todas as grandes religiões desestimularam ou proibiram os juros sobre o empréstimo, pois se considerava contra a ética ganhar

dinheiro sobre dinheiro, por meios improdutivos. O Islã conserva suas leis contra o empréstimo de dinheiro a juros até os dias de hoje.
11. Ver, por exemplo, Bernard Lietear, *The Future of Money, a New Way to Create Wealth, Work and a Wiser World,* Random House, s.l., 1999.
12. *The Economist*, 8 de abril de 2000.
13. Citado por Hazel Henderson em *Beyond Globalization; Shaping a Sustainable Global Economy*, Kumarion Press, EUA, 1999.
14. Comissão Mundial sobre o Meio Ambiente e o Desenvolvimento, *Our Common Future*, também conhecido como *Relatório Bruntland (Bruntland Report)*, Oxford USA Professio, Nova York, 1987.
15. Nações Unidas, *Agenda 21 UNCED Concluding Document*, Nova York, 1991.
16. Ver, por exemplo, a pesquisa do biólogo Francisco Varela, em *The embodied mind; Cognitive Science and Human Experiences,* Mit Press, Cambridge, 1991. Ver também várias conversas com o Dalai Lama nos colóquios *Mind and Life*, como os publicados em *Healing Emotions*, Daniel Goleman, ed., Shambhala Publications, s.l., 1997.
17. Ver, por exemplo, um exame dos bancos de sangue ingleses e americanos no clássico *The Gift Relationship,* da autoria de Richard Titmuss; George, Allen & Unwin, Londres, 1970.

18. Citado no Fórum Compaixão ou Competição.
19. Ver nota 3.
20. Cori Azzi e Ronald Ehrenberg, citado em Robert Kuttner, *Everything for Sale*, ver nota 21.
21. *Everything for Sale; the Virtues and Limits of the Market*, por Robert Kuttner, Alfred Knopf, Nova York, 1997.
22. *Institutions, Institutional Change and Economic Performance*, de Douglass C. North, Cambridge University Press, s.l., 1990.
23. *The Fifth Discipline*, de Peter Senge, Random House, Londres, 1990.
24. *Emotional Intelligence*, de Daniel Goleman, Bantam Books, Nova York, 1999.
25. *Development as Freedom*, de Amartya Sen, Alfred Knopf, Nova York, 1999.
26. *The Wealth and Poverty of Nations*, de David Landes, Little Brown & Co., Nova York, 1998.
27. *Open Society; Reforming Global Capitalism*, de George Soros, BBS Public Affairs, Nova York, 2000.
28. *Emotional Intelligence*, ver nota 24.
29. O Banco Mundial publicou, em 1995, um revolucionário "Índice de Riqueza", que define a riqueza das nações como consistindo de 60% de "capital humano" (organização social, competências humanas e conhecimento), 20% de capital ambiental (a contribuição da natureza) e somente 20% de capital construído (fábricas e capital). As Nações

Unidas produziram o Índice de Desenvolvimento Humano (IDH), medindo fatores como educação, expectativa de vida, dados sobre gênero e direitos humanos, que é muito usado hoje em todos os 191 países-membros das Nações Unidas.
30. *Calvert-Henderson Quality of Life Indicators*, de Hazel Henderson, Jon Lickerman e Patrice Flynn, Calvert Group, Bethesda, Md., 2000.
31. Ver nota 3.

Uma ilustração expressiva de uma sociedade ancestral ameaçada pelo consumismo ocidental encontra-se em *Ancient Futures: Learning from Ladakh*, de Helena Norberg-Hodge, Rider, s.l., 1992. Para uma voz similar na Tailândia, ver *Seeds of Peace*, de Sulak Sivaraksa, Parallax, s.l., 1992.
32. Ver nota 3.

OUTRAS PUBLICAÇÕES
DA PALAS ATHENA EDITORA

A ACEITAÇÃO DE SI MESMO E
AS IDADES DA VIDA
Romano Guardini

A ÁRVORE DO CONHECIMENTO — AS BASES
BIOLÓGICAS DA COMPREENSÃO HUMANA
Humberto Maturana e
Francisco J. Varela

A CONQUISTA PSICOLÓGICA DO MAL
Heinrich Zimmer

A GRINALDA PRECIOSA
Nagarjuna

AMAR E BRINCAR — FUNDAMENTOS
ESQUECIDOS DO HUMANO
Humberto R. Maturana e Gerda Verden-Zöller

AMKOULLEL, O MENINO FULA
Amadou Hampâté Bâ

ANATOMIA DA CULTURA
Aldo Bizzochi

ARIANO SUASSUNA — O CABREIRO
TRESMALHADO
Maria Aparecida L. Nogueira

A ROCA E O CALMO PENSAR
Mohandas K. Gandhi

AS MÁSCARAS DE DEUS — MITOLOGIA
PRIMITIVA — VOL. 1, MITOLOGIA ORIENTAL —
VOL. 2, e MITOLOGIA OCIDENTAL — VOL. 3
Joseph Campbell

AS PAIXÕES DO EGO — COMPLEXIDADE,
POLÍTICA E SOLIDARIEDADE
Humberto Mariotti

A SABEDORIA DE CARL JUNG
Edward Hoffman

AUTOBIOGRAFIA — MINHA VIDA E
MINHAS EXPERIÊNCIAS COM A VERDADE
Mohandas K. Gandhi

BOAS MISTURAS
Morgana Masetti

BUDISMO SEM CRENÇAS
Stephen Batchelor

BUTOH, DANÇA VEREDAS D'ALMA
Maura Baiocchi

CARTA A UM AMIGO
Nagarjuna

CULTIVANDO A MENTE DE AMOR
Thich Nhat Hanh

DEUSES DO MÉXICO INDÍGENA
Eduardo N. dos Santos

DHAMMAPADA — A SENDA DA VIRTUDE
Trad. *Nissim Cohen*

DIÁLOGO — COMUNICAÇÃO
EM REDES DE CONVIVÊNCIA
David Bohm

ÉTICA, SOLIDARIEDADE E COMPLEXIDADE
Edgar Morin, et al.

FALSAFA: A FILOSOFIA ENTRE OS ÁRABES
Miguel Attie Filho

FILOSOFIAS DA ÍNDIA
Heinrich Zimmer

FORJADORES ESPIRITUAIS DA HISTÓRIA
Ignacio da Silva Telles

GANDHI: PODER, PARCERIA E RESISTÊNCIA
Ravindra Varma

HÉRACLES, DE EURÍPIDES
Cristina R. Franciscato

MENTE ZEN, MENTE DE PRINCIPIANTE
Shunryu Suzuki

MINHA TERRA E MEU POVO
Tenzin Gyatso, XIV Dalai Lama

MITOS E SÍMBOLOS NA ARTE
E CIVILIZAÇÃO DA ÍNDIA
Heinrich Zimmer

MUITO PRAZER, SÃO PAULO!
GUIA DE MUSEUS E INSTITUIÇÕES CULTURAIS
DE SÃO PAULO
Simona Misan e Thereza C. Vasques

O CAMINHO É A META: GANDHI HOJE
Johan Galtung

O CORAÇÃO DA FILOSOFIA
Jacob Needleman

O DESAFIO DA COMUNICAÇÃO
Mauro Maldonato

O LIVRO TIBETANO DO VIVER
E DO MORRER
Sogyal Rinpoche

O PODER DO MITO
Joseph Campbell e Bill Moyers

O RESGATE DA UTOPIA
Henrique Rattner

O VALOR DAS EMOÇÕES
M. Stocker e E. Hegeman

ORAÇÃO CENTRANTE
M. Basil Pennington

OS OLHOS DO CORAÇÃO
Laurence Freeman

PARA UMA PESSOA BONITA
Shundo Aoyama Rôshi

SAN JUAN DE LA CRUZ, O POETA DE DEUS
Patrício Sciadini, OCD

SOLUÇÕES DE PALHAÇOS
Morgana Masetti

TRANSDISCIPLINARIDADE
Ubiratan D'Ambrosio

VESTÍGIOS — ESCRITOS DE FILOSOFIA
E CRÍTICA SOCIAL
Olgária Matos

YOGA — IMORTALIDADE E LIBERDADE
Mircea Eliade

Prezado leitor da obra:
COMPAIXÃO OU COMPETIÇÃO

Para que possamos mantê-lo informado sobre as novidades editoriais e as atividades da Palas Athena, solicitamos o preenchimento dos campos abaixo, remetendo o cupom para a Palas Athena Editora, Rua Leôncio de Carvalho, 99 • Paraíso • São Paulo • SP • CEP 04003-010, ou através do Fax (11) 3289-5426. Veja mais informações sobre os livros da editora em nosso site: www.palasathena.org

Nome:..
Profissão:...
Endereço:...
Cidade:.. Estado:................ CEP:.........................
Fone: (......)..................................... Fax: (......)...
e-mail:..

Área de interesse:
( ) Mitologia
( ) Filosofia
( ) Religiões
( ) Antropologia
( ) Educação
( ) Psicologia
( ) Outras áreas: ....
....
....
....
....

Impresso nas oficinas da Palas Athena Gráfica
gráfica@palasathena.org
www.palasathena.org